지혜란 무엇인가

What Is Wisdom?

지혜란 무엇인가

What
is
Wisdom

현명한 선택을 만드는
철학자의 12가지 생각법

케이반 키안 지음 | 박지혜 옮김

다산
초당

행운은 준비된 자에게만 온다.

— 라틴어 구절

현재와 미래의 당신에게 바칩니다.

What
is
Wisdom

프
롤
로
그

우리는 반복적으로 행하는 존재이다.

따라서 탁월함이란 행동이 아니라 습관이다.

—아리스토텔레스

스스로 지혜로운 선택을 하고 있다고 생각하시나요? 대부분 우리는 작년보다, 10년 전보다 더 지혜로워졌을 겁니다. 살아가다 보면 사람은 여러 가지를 배우고 연습하고 또 경험하게 됩니다. 학교에서 공부하고 또 사회에서 배우며 여러 지혜를 얻을 수 있죠. 당신이 원하든 원치 않든 앞으로 당신이 내릴 결정은 긍정적이거나 부정적인 결과로 이어질 것입니다. 예상할 수도 있지만 예상할 수 없을지도 모르며, 의도한 결과가 나올 수도 있지만 아닐 수도 있고, 중대한 결과가 될 수도 있지만 단순한 해프닝에 그칠 수도 있습니다. 하지만 인생에서 어려운 결정에 맞닥뜨리는 건 당신에게만 벌어지는 일이 아닙니다. 인생은 선택의 연속이니까요.

이 책에서는 우리보다 수천 년 먼저 최선을 다해 인생을 살았던 철학자들이 힘겹게 싸워 얻은 경험과 교훈, 그리고 사상을 살펴보고자 합니다.

사회학자 윌리엄 브루스 캐머런^{William Bruce Cameron}은 언젠가 이런 글을 남겼습니다. '의미 있다고 모두 셀 수 있는 건 아니다. 셀 수 있다고 모두 의미 있는 것도 아니다.' 오늘날 우리는 어려운 질문을 해결하고자 할 때, 숫자만으로 이야기하려는 경향이 있습니다. 문제나 기회를 셀 수 있는 것으로 여겨 선택이 불러올 위험성, 규모, 본질과는 관계없이 종종 그 비용과 이익을 따지려 듭니다. 이렇게 분별없이 접근한다면 복잡하게 돌아가는 세상과 우리의 현실 사이의 연결은 헐거워지게 됩니다. 결정을 위해 가장 중요한 '숫자로 셀 수 없는' 기준을 뒷전에 놓으면 이는 근거 없는 확신이 됩니다. 그러면 결국 문제를 해결하지 못한 채로 더 큰 문제를 초래하게 됩니다. 실수했을 때 바로 대처하면 작은 손실로 해결할 수 있지만, 실수를 덮기 위해 거짓말을 하다 보면 문제가 걷잡을 수 없이 커지는 것과 같은 원리입니다.

위기의 시대, 너무도 많은 것이 위태롭고 불확실한 세상에서 당신이 '숫자로 말할 수 있는 것'보다 더 넓은 시야로 바라본다면 더 나은 결정을 내릴 가능성도 커집니다. 앞으로 펼쳐질 이야기들로 여러분은 과거 한 시대를 살았던 철학자들의 독특한 사고방식과 철학으로 문제를 해결하는 접근 방식을 즐겁게 연습해 볼 것입니다.

탈레스는 당신이 모르고 지나쳤을 패턴을 눈치채도록 도와줄 것이고 클레오불루스는 모든 일이 잘 풀릴 때 너무 해이해지지 않도록, 힘든 시기에는 지나치게 괴로워하지 않도록 도와줄 것입니다. 니체는 후회 없는 삶을 살 수 있도록, 오컴은 의사결정을 내릴 때 시간과 에너지를 절약할 수 있도록 도움을 줄 것입니다. 이들을 비롯해 여러분은 여러 철학자를 만나게 됩니다. 이를 통해 여러분은 자신만의 생각과 아이디어를 떠올릴 수도 있을 겁니다.

이 책의 목표는 어떤 특정한 사고방식을 알리려는 것

이 아닙니다. 각각의 상황은 특수한 경우가 많고, 가장 적절한 접근 방식은 상황마다 다를 겁니다. 우리의 주된 목표는 언제든지 상황에 맞게 철학적 사고 전환을 할 수 있도록 연습하는 것입니다. 운전할 때 기어를 바꿔야 더 안전하고 자유로운 운전이 가능한 것처럼, 철학적 사고로 바꿔 생각할 수 있는 능력은 우리에게 큰 도움이 될 것입니다.

철학자들의 가르침에 따라 생각한다면, 변화하는 환경에 더 잘 적응할 수 있고 필요없거나 돌이킬 수 없는 실수를 하지 않을 수 있습니다. 바꿔 생각할 수 있는 능력은 중요한 일과 그렇지 않은 것을 구분할 판단력을 키워주고 후회 없는 결정을 선택하는 법을 가르쳐줄 것입니다. 기회가 생겼을 때 놓치지 않고 행동하는 용기, 사고의 균형이 필요한 순간을 알고 잠시 멈추어보는 신중함, 원하는 목표에 가까이 다가갈 수 있게 하는 끈기와 성실함을 가져다줄 것입니다. 즉, 바꿔 생각할 수 있는 능력은 '지혜란 무엇인가'라는 문장을 뒷받침하는 커다란 근거입니다.

이 책을 읽으며 여러분은 자신만의 인생 철학을 만들

수 있을지도 모릅니다. 후대에 유산으로 전해줄 수 있을 그런 철학 말이죠. 책을 덮은 후 어떤 결과가 있을지 기대되지 않나요? 지금 여러분 앞에 기다리고 있는 세상을 바로 보게 도와줄 새로운 시각과 자유, 그리고 깨달음을 얻는 놀라운 순간을 마음껏 즐겨보길 바랍니다.

차례

What
is
Wisdom

1

클레오불루스

Cleobulus

호황에도 불황에도
살아남는 법

아예 배우지 않는 것보다는

늦게나마 배우는 편이 낫다.

—클레오블루스

꿈을 향해 달려가는 사람이라면 인생에 부침이 있다는 사실을 알 것입니다. 서로 완벽히 반대되는 좋은 시절과 힘든 시절은 동전의 양면처럼 모두 있기 마련입니다. 항상 좋거나 항상 나쁠 수는 없는 노릇이죠. 우리는 둘 중 어느 때든 평소와 달리 조금 과장된 행동을 하고픈 충동을 느낄 수 있습니다. 좋은 시절이 오면 이제는 쉬엄쉬엄 일하고 싶고 나를 성공으로 이끌어준 일들을 그만하고 싶어집니다. 반대로 힘든 시기에는 모든 것이 가망 없어 보입니다. 도저히 해결할 수 없을 것 같으면 절망해 아예 포기하고 싶어집니다. 상황에 따라 달라지는 마음은 충분히 이해할 수 있지만, 어느 때든 감정적인 충동에 휘둘려 행동하면 이는 더 큰 위험을 불러올 수 있습니다.

우리는 인생에 반드시 있을 부침의 시기에 잘 대처하기 위해 클레오불루스의 지혜를 빌릴 수 있습니다. 16~17세기 그리스의 시인이었던 클레오불루스는 그리스 현자 7인 중 한 명입니다.

소크라테스 이전의 여러 철학자들처럼 클레오불루스가 남긴 업적은 대부분 소실되었습니다. 하지만 그가 남긴 이 명언은 오늘날까지도 전해지고 있습니다.

> "부자가 되었을 때, 오만하지 말라.
> 가난해졌다고 자신을 비하하지 말라.
> 성쇠의 변화를 고귀하게 감내하는 법을 배워라."

이 명언이 주는 교훈을 실제로 어떻게 적용할 수 있을까요? 여러분이 맞닥뜨릴 수 있는 서로 상반된 두 상황을 살펴봅시다.

클레오불루스

합리화라는
주문을 멈춰라

회사가 엄청난 성과를 거두는 시기가 있습니다. 고객의 수요가 지붕을 뚫을 듯이 치솟아 내놓기만 하면 물건이 팔리고, 엄청난 수익이 창출되며, 전례 없이 높은 수준으로 회사가 성장합니다. 스타트업계의 표현을 빌리자면 '하키 스틱' 모양의 성장곡선이 그려지는 셈입니다. 수년간 조금씩 모양을 갖춰가면서 발전해 가던 신생 기업이 변곡점을 맞으면서 급성장하는 형태입니다.

이와 반대로, 다년간의 노력에도 불구하고 변곡점 도달에 실패하는 기업도 허다합니다. 기업의 성장 가능성이 발현되지 못한 것이죠. 생산 문제로 제품은 느리게 만들어지고 그사이 고객의 관심은 다른 회사의 제품으로 쏠려 연기처럼 사라져 버릴 수 있습니다. 고객들이 관심을 보이긴 했으나 실제 주문으로는 이어지지 않을 수도 있습니다. 그 이유가 무엇이든 성장세는 평평하게 정체된 상황입니다.

이러한 상황은 서로 다르지만, 각 회사를 이끄는 리더들은 모든 요인을 기업이 처한 외부 환경 탓으로 돌려버리고 싶은 충동을 느낄 수 있습니다. 또 이러한 충동에 휩쓸린 리더들은 남탓을 할 수도 있습니다. 본래 문제가 생기면 남을 탓하는 것이 가장 쉬우며 실제로 많은 사람이 이렇게 행동합니다.

성공한 기업의 리더는 지금 잘되고 있는 부분이 무엇인지 짚어본 뒤 이를 기반으로 더 성장하려고 하지 않을 수 있습니다. 그보다는 사치스러운 물건을 사거나 잘 모르는 사업을 무모하게 시도하고 다른 사람을 무시하는 등 제멋대로 행동하게 됩니다. 그들은 막연하게 좋은 시절이 계속 이어진다는 희망찬 미래를 예상하고 있으므로 자존심과 권위를 세우기 위한 쓸데없는 사치품에 많은 돈을 쓰기도 합니다. 자신이 어떤 행동을 해도 앞으로 일어날 일에 전혀 영향을 끼치지 않을 거라고 생각합니다.

한편 힘든 시기를 보내는 기업의 리더는 실수로부터 보완해야 할 점을 배우거나 새로운 방식을 시도해 보거나 현재의 손실을 최소화할 수 있는 방도를 찾지 않을 수 있습니다. 대신 아예 사업을 포기하거나 시간이 지나면 나아지리라는 막연한 희망으로 일이 그냥 흘러가게 방치해 버립니다. 자신에게 닥친 불행에서 벗어날 방법은 없다고 여기며 의지와 용기를 상실한 채, 그런 자신을 합리화하는 주문을 외웁니다. "내가 어떤 결정을 내리든 누가 신경이나 쓰겠어? 어차피 쓸데없을 텐데. 시간이 알아서 해결해 주겠지."

시간이 필요한 일도 있는 법이죠. 하지만 앞서 말한 상황들은 내버려 둔다고 해결될 일이 아닙니다.

예상치 못한 일에도
흔들리지 않도록

외부 상황에 휩쓸리면 누구나 위험한 실수를 할 수 있습니다. 갑작스러운 일에는 모두 당황하니까요. 그런 실수 중 하나는 바로 우리의 행동이 어떤 결과도 불러오지 않을 거라고 추측하는 것입니다. 아무런 근거도 없이 지

호황에도 불황에도 살아남는 법

레짐작하는 것은 당연히 큰 착각입니다. 후에 나타날 결과가 어떻든 간에 우리의 행동은 늘 우리가 어떤 존재이고, 앞으로 어떤 존재가 될지를 결정합니다. 우리가 처해 있는 바깥의 환경이 우리를 규정하는 것이 아닙니다. 통제할 수 있는 상황에 대처하는 행동이 우리를 정의하는 것입니다.

또 다른 실수는 운의 역할을 과소평가하는 것입니다. 특히 사람은 성공을 만끽하는 순간에 실수할 확률이 더 높아집니다. 당신이 하는 모든 행동이 성공으로 이어지고, 막대한 부가 되어 돌아온다면, 당신은 복합적인 현실에서 괴리될 수 있습니다. 눈앞에 펼쳐진 눈부신 성공이 모두 내 현명함과 부지런함의 결실이며 자신이 지닌 뛰어난 재능이 이제야 제대로 발휘되었다고 주장하고 싶을지도 모릅니다. 천문학적인 이익이나 프로젝트의 성공은 당장 내일은 아니더라도 내년이면 상황이 달라질 수도 있다는 가능성조차 상상할 수 없게 만듭니다.

클레오불루스가 우리에게 알려준 것처럼, 모든 것은 오늘 그 모습 그대로 유지되리란 보장이 없습니다. 그러

클레오불루스

므로 그의 가르침은 절망한 사람들에게는 희망이 되는 반면, 영예를 누리며 현실에 안주하는 이들에게는 한마디 경고가 될 수 있습니다.

물론 이런 경고가 걱정이나 불안을 조성하기 위한 것은 아닙니다. 혹여 우리가 불필요하고 돌이킬 수도 없는 실수를 저지르는 것을 방지하기 위한 가르침일 뿐입니다. 인생을 백지상태에서 다시 시작해야 할 때 가진 것이 아무것도 없다면 당황할 수밖에 없을 겁니다. 클레오불루스의 가르침은 당신이 백지일 때도 놀라지 않도록 돕기 위한 조언입니다. 의지력이나 창의성, 고유한 힘, 명쾌한 사고 등 누구도 당신으로부터 빼앗아 갈 수 없는 것들을 키워내도록 독려하기 위한 것이죠.

철학자이자 황제였던 마르쿠스 아우렐리우스는 이런 말을 남겼습니다.

"미래가 그대를 불안하게 하지 말라.
해야만 한다면 맞게 될 것이니,
오늘 현재로부터 그대를 지키는

이성이라는 무기가 동일하게

함께할 것이다.”

어느 것에나
굴곡은 있는 법이다

지금 당신의 인생을 바라보세요. 어제도 내일도 아닌, 바로 오늘을 바라보세요. 잘된 일과 그렇지 못한 일을 똑바로 마주해 보세요. 회사에서는 어땠나요? 가족이나 친구 관계는 어때요? 어린 시절에 가졌던 꿈은 이루었나요? 잘되는 일 중 당연하게 앞으로도 잘될 거라고 믿는 일이 있나요? 포기해 버린 일이 있다면 무엇인가요? 클레오불루스의 사고방식이 인생의 어떤 부분에 도움이 될 수 있을지 깊게 고민해 보시기 바랍니다.

수십 년이 지난 뒤에 오늘을 다시 떠올릴 수 있다면 여러분 스스로에게 무슨 말을 할 건가요? 잠재적인 투자자나 고객이 되어줄 사람과 만났나요? 아니면 별로 중요하

클레오불루스

지 않은 일이라고 여겨 그들과의 약속을 취소해 버렸나요? 미래를 위해 저축했나요? 혹은 돈이 모자랄 일이 절대 없을 것처럼 다 써버렸나요?

클레오불루스는 좋은 시절과 힘든 시절, 어느 때나 근거 없는 확신을 가지지 않도록 가르칩니다. 어느 것도 영원할 수는 없습니다. 그 대신 우리가 우리 자신을 믿는다면 "성쇠의 변화를 고귀하게 감내할 수 있을 것입니다."

무지와 수다는
사람들 사이에서
가장 큰 영향력을 발휘한다.

—클레오불루스

Cleobulus

What
is
Wisdom

2

헤라클레이토스

Heracleitos

늘 변하는 세상에도
변치 않는 것이 있다

만물은 끊임없이 변화한다.

— 헤라클레이토스

우리가 사는 세상은 뷰카^{VUCA}라는 단어로 설명할 수 있습니다. 세상은 변덕스럽고^{Volatile}, 불확실하며^{Uncertain}, 복잡하고도^{Complex} 모호하다는^{Ambiguous} 것입니다. 모든 것은 너무도 빠르게 변하기에 앞으로 어떤 일이 닥칠지는 알기 어렵습니다. 어느 때보다 서로 긴밀하게 연결된 세상에서 많은 사람이 무엇을 알아야 하는지조차 모릅니다. 하지만, 하루 이틀 일은 아니죠. 우리가 사는 세상은 항상 빠르게 변화해 왔습니다. 고대부터 현대에 이르기까지 세상이 변화하는 속도는 점점 더 빨라졌고, 변화의 속도가 빨라질수록 사람들은 더 혼란스러워질 수밖에 없었습니다.

2000년 전, 그리스의 철학자 헤라클레이토스는 이런 말을 남겼습니다.

"유일하게 변하지 않는 것은 변화다."

하지만 역사상 어떤 시대는 다른 시대보다 더 크고 많은 변화가 있었다고 말할 수 있을 겁니다. 산업혁명이 일어났을 때가 그러했지요. 정보화 사회가 되면서 PC가 보급되고 인터넷이 생긴 것 역시 너무나 큰 변화였습니다. 주변 환경이 바뀌는 속도가 더 빨라진다고 느끼나요? 많은 사람이 당장 내일도 어떻게 될지 알 수 없는 세상에서 예기치 못한 일이 어디서 튀어나올지 모르니 대비해야 한다고 생각할 겁니다.

빠르게 변하는 세상, 무슨 일이 일어날지도 모르는 환경은 많은 이들에게 고통을 줍니다. 당신 주변에 변화가 일어난다면 먼저 그 변화에 휩쓸릴지도 모른다는 걱정부터 할 수 있습니다. 그리고 변화를 거부하고 과거부터 해

헤라클레이토스

왔던 익숙한 것만을 계속하고 싶은 유혹도 느끼겠죠. 예를 들어 이미 성공한 기업가들은 자신의 회사가 급격한 성장을 경험하기 전이었던 '좋았던 옛 시절'을 그리워할지도 모릅니다. 의사결정에서 고려할 사항이 많지 않아 결정이 쉬운 데다, 만나는 모든 사람의 이름을 기억할 수 있는 규모였을 테니까요.

변화하는 상황에 압도되었든 과거의 향수에 젖어 있든 당신은 눈앞에 놓인 현실에는 관여하고 싶지 않을 수 있습니다. 조금이라도 불편한 이슈가 계속해서 일어나면 피곤함에 다른 곳으로 눈을 돌려버리는 것처럼요.

세상에는 무슨 일이
일어나나

당신이 처한 상황을 더 잘 이해할 수 있는 간단한 연습 문제가 있습니다. 지난 6개월~1년 동안 있었던 모든 일을 떠올려 보세요. 그중에서 당신에게 큰 영향을 미쳤던 일들을 나열해 보세요. 긍정적인 경험이든 부정적인 문제이든 상관없습니다. 그 일의 범위가 좁은지 넓은지도 상관없습니다. 떠오르는 일을 모두 적은 후에는 다음의 질문이 길잡이가 되어줄 것입니다.

전 세계적인 사건

- 지난 6개월~1년 동안 당신의 마음에 와닿은 주요 뉴스는 무엇인가요?
- 지금 당신의 마음속에 떠오르는 정치나 경제 관련 사건이 있나요?

지역적인 사건

- 당신이 사는 지역, 도시나 동네에는 무슨 일이 있었나요?
- 1년 전에는 해보지도 않았던 일 중에서 이제는 익숙해진 일이 있나요?

개인적인 사건

- 당신 개인의 삶과 주변인들의 삶에 무슨 일이 있었나요?

헤라클레이토스

• 1년 전과 비교해서 현재 당신의 삶은 어떻게 달라졌나요?

바로 다음 문장으로 넘어가려는 당신, 시간을 가지고 위 질문들에 대해 곰곰이 생각해 보세요. 당시 사건이나 상황을 떠올릴 때 어떤 감정을 느끼나요? 당신 주변의 사람들은 이런 변화를 어떻게 생각할까요? 여전히 세상이 빠르게 변화한다고 느껴지나요?

통제할 수 있는 일에 집중하라

보다시피 과거 6개월~1년만 봐도 당신을 둘러싼 세계는 끊임없이 변화하는 상태였던 것 같습니다. 우리가 부정할 수 없는 사실을 잊지 않도록 헤라클레이토스는 또 다른 명언을 남겼습니다.

"누구든 같은 강에 두 번 발을 담글 수 없다. 강물은 당신을 향해 끊임없이 흐르기 때문이다."

빠르게 변해가는 세상에서 당신이 성공하는 데 도움이 되는 마음가짐은 고대 스토아철학에서 찾을 수 있습니다. 바로, 여러분이 통제할 수 있는 것에 철저히 집중하는 것입니다. 어느 순간이든 우리가 통제할 수 없는 수많은 일이 있지만 동시에 우리가 통제할 수 있는 일도 분명히 존재합니다. 여러분은 통제할 수 있는 것과 그렇지 않은 것을 얼마나 잘 구분할 수 있나요?

지금 통제할 수 있는 일에 철저히 집중한다는 건 어떤 의미일까요? 집중하면 인생에서 무엇을 다르게 해볼 수 있을까요? 통제할 수 있는 일에 집중한다면 여러분의 시간과 마음, 에너지를 어디에 쏟겠습니까?

이런 마음가짐을 무관심한 태도에 대한 변명거리로 삼으라거나 통제할 수 없는 일들은 아예 신경 쓰지 말라는 것은 결코 아닙니다. 인생의 기복에 그저 어깨를 으쓱

헤라클레이토스

하며 모른 척하라는 의미도 아닙니다. 통제할 수 있는 일에 집중하면 무관심과 정반대인 상태가 됩니다. 그러면 인생을 내가 원하는 대로 이끌어갈 수 있도록 적극적으로 생각하고 고민하는 태도를 기를 수 있습니다.

항해하는 동안 우리는 바람을 마음대로 바꿀 수는 없지만 방향을 조정할 수는 있습니다. 신규 고객 수를 마음대로 늘릴 수는 없지만 어떤 사람이 우리의 잠재적인 고객인지 고민해 보고, 그들에게 소비 욕구를 불러일으키기 위해 어떤 점을 개선할지 살피고, 어떤 에너지를 가지고 일에 임하며 얼마나 큰 노력을 들일지는 결정할 수 있습니다. 원하는 예산을 따내는 것은 마음대로 할 수 없지만 대신 예산을 따기 위해 이미 나와 밀접하게 이어져 있는 사내 동료들과 인프라, 회사의 그룹웨어나 사내 커뮤니티, 거래처 등 심지어는 추상적인 자기 확언이나 상상까지도 어떻게 활용할지는 얼마든지 결정할 수 있습니다.

"내가 가진 것으로 할 수 있는 일을 하기"란 스스로의 인생에 많은 관심을 쏟는 것을 의미합니다. 여러분이 할 수 있는 것에 초점을 맞추기 때문에 쏟아붓는 생각과 노

력, 에너지까지 모든 것이 집중되면 결국 커다란 차이를
만들어낼 수 있을 겁니다.

헤라클레이토스

여기에 말해둔 것은
항상 그대로 있다.
그러나 인간은 이것을 모르고
지나쳐 버린다.

—헤라클레이토스
Heracleitos

What
is
Wisdom

3

소크라테스

Socrates

건강한 의심 한 방울을
떨어트려라

반성하지 않는 삶은

살 가치가 없다.

—소크라테스

흔히 성공이라는 경험은 어떤 결정에 있어 사람에게 지나친 자신감을 주곤 합니다. 특히 오래도록 좋은 결과가 이어진 후에 하는 의사결정이라면 더더욱 그렇습니다. 사람은 누구나 성공적으로 마친 일에 따라오는 칭찬과 성과금 같은 당근들은 계속해서 누리고 싶어합니다. 성공할 수 있었던 것은 모두 자신의 올바른 판단 덕분이었다고, 그렇기에 앞으로도 계속 일이 잘 풀릴 거라고 착각하기도 쉽습니다.

이런 상황이 지속된다면 당신 주위에는 흔히 말하는 '예스맨'만 남아 있을 위험이 있습니다. 당신이 하는 일이라면 뭐든 응원하고 손뼉을 치며 동조하는 사람들 말이에요. 미래를 위한 결정을 내려야 할 때 예스맨들만 남아 있다면 문제가 생길 수밖에 없습니다. 예를 들어, 새로운 제품을 출시하거나 부지를 확장하거나 타 기업과 합병한다고 생각해 봅시다. 계속된 성공으로 자신만만해진 리더는 '해야 할 일이 무엇인지 다 압니다.' 하지만 이전에는 효과적이었던 방법이 지금은 통하지 않을 수도 있지요. 적절한 해결책을 찾기 위해서는 새로운 시각이 필요할지도 모릅니다. 만약 앞으로도 잘될 것이라는 근거 없는 확신과 자신감으로만 가득 차 있다면 이 리더는 돌이킬 수 없는 실수를 할 위험이 있습니다.

이 예시는 회의주의가 지닌 가치를 보여줍니다. 회의주의의 대표적인 인물은 그리스의 철학자 소크라테스가 있습니다. 항상 비판적인 질문을 던지던 그는 '아테네의 잔소리꾼'이라고 알려져 있습니다. 그가 남긴 이 명언도 소크라테스의 회의적 태도를 잘 보여줍니다.

"나는 내가 아무것도 모른다는 것을 안다."

소크라테스

회의주의자들이 하는 이야기는 언제나 '진짜 그럴까?' 라는 질문으로 요약될 수 있습니다. 회의주의는 의사결정을 중단시키거나 지나친 분석으로 상황을 마비시키기 위해 있는 것이 아닙니다. 오히려 부정적인 결과와 상황이 불러올 수 있는 모든 가능성을 고심한 후에 신중한 의사결정을 할 수 있도록 도우려 합니다.

회의적인 시각은 좋지 않은 결정이나 되돌릴 수 없을지 모르는 결정(파산으로 이르게 하는 결정 등)을 방지하는 데 도움이 됩니다. 자칫 간과했을지도 모를 기회를 잡을 수 있게 돕기도 합니다. 하지만 사람들은 회의주의를 도구로 자주 활용하지 못합니다. 사람들은 자기 아이디어에 부정적인 피드백을 받으면 본인이 비난받는다고 오해합니다. 그래서 피드백에 대한 부정을 자신에 대한 부정으로 여기고 공격적인 자세라 생각해 쉽게 받아들이지 못합니다. 반면 긍정적인 피드백이나 자신의 의견에 확신을 주는 의견은 부정적인 것보다 훨씬 더 선호하는 경향이 있습니다.

잠시 생각해 보세요. 당신이 회사에서 팀을 꾸릴 때,

건강한 의심 한 방울을 떨어트려라

누구를 팀원으로 데려올지에 많은 것이 달려 있습니다. 의도적으로 '내 편'에 있는 사람만 팀원으로 선택할 건가요? 아니면 비판적인 사람들에게도 팀원으로 합류해달라고 요청할 건가요?

기획안이나 사업 제안서, 논문 등 작성조차 너무나 힘든 중요한 문서를 완성하면 일을 끝낸 나머지 긴장이 풀릴 수 있을 겁니다. 문서를 '완성'한 후에 누구에게 피드백을 받고 싶은가요? 또 몇 번이나 피드백을 받아서 고쳐 쓰고 싶은가요?

의사결정을 위해 열린 회의에서 논의가 끝나면 당신은 결정의 이유를 분명하게 설명할 수 있을 겁니다. 하지만 당신의 결정과 다른 관점에 대해서는 얼마나 잘 설명할 수 있을까요? 그리고 이렇게 반대되는 관점들이 알려주는 바는 무엇인가요? 어떻게 해야 당신이 내린 결정을 더 나아지도록 보완할 수 있을까요?

소크라테스

한 번뿐인 기회를
놓치지 않도록

어떤 기회는 일생에 단 한 번 찾아옵니다. 노력하거나 결정한 후 그 결실이 나오기까지 수십 년의 세월이 걸리는 일들도 있습니다. 겉보기에는 사소한 실수인데 파고들어 보면 중요한 문을 완전히 닫아버린 일도 있습니다. 1차 협상에서 원하는 만큼의 성과를 달성하지 못했다고 해서 아예 포기해 버리면 절충안을 찾을 가능성마저도 포기하는 겁니다. 이렇게 경험으로부터 배울 기회를 얻지 못하거나 결정을 미루는 일이 생기기도 하지요. 앞으로 다가올 소식을 듣지 못해 남들은 아는 내용에도 혼자만 당황하고, 소리도 없이 찾아오는 불운을 감당하지 못하는 경우가 종종 발생합니다.

이런 상황일 때 우리는 '회의주의 예금'을 꺼내 쓸 수 있습니다. 여러분의 가족이나 친구, 동료 중 여러분의 행동을 멈추게 하며, 더 깊이 고민하도록 만들고, 손을 쓸 수 없을 정도로 늦어지기 전에 진로를 변경할 수 있도록 스스럼없이 도와줄 사람은 누가 있나요? 오랜 시간에 걸쳐 이 '회의주의 예금'의 액수를 늘리고 질을 높여야겠다고 생각해 본 적 있나요?

당신의 인생에도 도와줄 사람이 적어도 한두 명은 있을 겁니다. 그저 그 사람이 당신에게 얼마나 도움이 되는지 잘 모를 뿐입니다. 과제 진행 상황을 매일같이 물어보는 지도 교수님이나 예산안을 꼼꼼하게 들여다보고 허를 찌르는 질문을 하는 부장님을 떠올려 보세요. 그들이야말로 당신의 회의주의 클럽에 가입시켜야 할 정예 멤버들입니다.

집이나 직장보다 조금 먼 곳에 본받고 싶은 회의주의자가 있을 수도 있습니다. 누가 들어도 유익한 경험과 작은 것에서도 큰 그림을 보는 사업 통찰력 때문에 당신이 눈여겨보는 기업가가 있을 겁니다. 그런 사람을 데려와 당신이 가진 아이디어를 비판적으로 바라보는 역할을 맡긴다면, 당신은 어떤 관점에서든 당신의 아이디어를 객관적으로 바라볼 수 있게 됩니다.

회의를 진행할 때 누군가를 지정해서 최대한 여러 방

소크라테스

법으로 '진짜 그럴까?'라고 질문하는 역할을 맡길 수 있습니다. 모두가 동의하는 경우를 막기 위해 비판할 사람을 한 명 정해두는 겁니다. 또 다른 팀을 짜서 가장 회의적인 고객을 상상해 보면, 그 고객이 여러분의 새로운 제품이나 서비스에 대해 질문이나 이의를 제기할 때 어떻게 대처할지 계획하고 대비할 수 있습니다.

당장 주위에 이런 도움을 줄 사람이 없다면, 스스로 인생에 건강한 의심 한 방울을 떨어뜨려도 좋습니다. 예를 들어, 어떤 일이 잘된다면 근본적으로 자신이 훌륭하고 지혜로운 의사결정을 해왔다고 생각할지 모릅니다. 단순히 운이 좋았을 수도 있습니다. 하지만 다음에도 비슷한 상황이 생긴다면 같은 선택을 할 확률은 높아질 겁니다. 그 선택이 불러올 결과는 아무도 모르는 법이죠.

더 현명하고 유연하게
대처하라

다시 말하지만 회의주의적 태도의 목표는 탄력이 붙어 진행되는 일을 중단시키는 것이 아닙니다. 사각지대에 있어 보이지 않는 위험을 더 잘 들여다보고, 이러한 위험에 더 현명하게 대처할 방법을 찾기 위한 것입니다.

예를 들어 당신이 사업에서 돌이킬 수 없는 결정을 내려야 한다면 소규모의 시범 사업을 먼저 운영해 볼 수 있을 겁니다. 일시적인 시범 기간을 갖거나 환불 보장 규정을 마련하는 것도 방법이겠죠. 만약 이 사업에 투자된 자금이 크라우드펀딩을 통해 조달된 자금이라면 어떻게 하시겠습니까?

지금 내리는 결정을 번복할 수 있다면 어떻게 할 건가요? 결정된 사안을 뒤집으려는 이들에게, 신중히 결정하라고 말했으니 의견을 바꾸면 커다란 불이익이나 벌금을 내릴 건가요? 이런 상황에서 '반대했던 회의주의자들에게 더 큰 짐을 지우는 행동'은 과연 어떻게 보일까요?

소크라테스

회의주의적 태도를 습관으로 만들면 시간이 지날수록 당신의 비판적인 태도는 몸에 배고 자연스레 일상의 일부가 되어 돌이킬 수 없는 실수를 저지르지 않도록 막아줄 것입니다. 이 장에서 깊은 깨달음을 얻었다면, 지금 당신의 머릿속에 '진짜 그럴까?'라고 묻는 소크라테스의 목소리가 들릴지도 모릅니다.

무지를 아는 것이
곧 앎의 시작이다.

— 소크라테스
Socrates

_____

What
is
Wisdom

4

니체

Nietzsche

매 순간을
후회 없이 살아라

많이 생각하는 모든 것들은
문제가 된다.

— 니체

학교를 갓 졸업했든, 직장에 경력직으로 탄탄히 자리를 잡았든, 여러분은 매일 처리해야 하는 업무 때문에 너무 바쁜 나머지 일에 매몰되어 인생과 경력에서 고려해야 할 큰 그림을 보지 못할 수 있습니다. 한쪽에 미뤄두고 신경 쓰지 못할 수도 있습니다. 이 순간에도 미뤄둔 것이 떠오를지도 모르겠군요.

여러분에게도 새로 시도하고 싶은 취미나 새로이 회사를 꾸려서 시작하고 싶은 사업이 있을 수 있고, 인생에서 커다란 변화를 추구하고 싶을 수도 있을 겁니다. 하지만 어떤 이유든 여러분은 그 결정을 몇 주, 몇 개월 뒤로 계속 미루거나 깊이 생각해 볼 시간을 갖지 못했습니다.

반대로, 따분함 때문에 힘든 건 바쁜 일상에 시달리는 것보다 더 괴롭게 느껴질 수 있습니다. 직장에 출근했는데 모든 게 너무나 익숙해서 가만있지 못하고 들썩이는 자신을 발견한 적이 있다면, 당신은 '권태로움'에 고통받는지도 모릅니다.

매일 맡은 바 업무를 끝내기 위해 꼼짝 못 하는 상태든 책상 앞에 앉아 있으면 눈물이 날 정도로 지루한 상태든, 19세기 독일의 철학자 프리드리히 니체는 여러분에게 몇 가지 관점을 제시해 줄 수 있습니다.

니체는 고전고대 시기부터 존재했던 '영원회귀'라는 사고실험을 대중화한 인물입니다. 영원회귀는 우주의 모든 존재와 그 에너지가 반복되어 왔으며 앞으로도 무한히 계속될 것이란 개념입니다. 당신이 오늘 시간을 어떻게 보낼지 고민하다가 여러 선택지 중 어느 하나를 택하더라도, 오늘이라는 시간은 미래에 그대로 무한히 반복될 겁니다. 이게 바로 영원회귀입니다. 말 그대로 당신의 선택에 따라 보낸 시간은 계속해서 반복되는 것이지요.

니체

영원회귀를 세계관으로써 적용하라는 것이 아닙니다. 다음의 상황을 가정하며 사고의 실험을 해보라는 의미입니다. 인생의 한순간이 완전히 똑같이 계속해서 반복된다면 과연 어떤 기분일까요? 아무리 행복한 순간이라도 같은 일만 계속 반복되면 행복할 수 있을까요?

당신은 이미
최선을 다했는지도 모른다

누군가는 이렇게 답할지도 모릅니다. "질문 감사합니다. 저는 지금까지 제가 살아온 인생과 향하는 목표에 만족합니다. 만약 다시 선택할 기회가 주어지더라도 저는 여전히 같은 선택을 할 것이고, 똑같은 인생을 살 겁니다." 만약 당신의 답이 그렇다면, 이미 훌륭한 삶인 겁니다. 축하합니다! 당신은 니체의 말처럼 후회 없는 삶을 살기 위해 이미 최선을 다해 사는 겁니다. 영원회귀 사고실험은 지금 자신의 마음 상태를 알아보는 유용한 방법으로 오늘날에도 여전히 사용됩니다.

하지만 대답하는 당신의 얼굴에 미소가 지어지지 않고 눈이 반짝이지 않는다면 문제가 있는 것은 아닌지 확인해 봐야 합니다. 내 선택이 무한히 반복하고 싶을 만큼 좋은 경험을 만들어내지 못한다면 어떻게 해야 할까요? 원하는 삶에 한 걸음 더 다가가려면 무엇을 해야만 할까요?

만족하지 못한다면 일단 변화가 필요할지도 모릅니다. 변화라고 하면 거창해 보이지만 꼭 전체를 뒤엎을 만큼 커다란 변화가 아니어도 괜찮습니다. 변해야 한다고 마음먹은 순간부터 나를 둘러싼 기존의 환경과 상황을 아주 조금만 다르게 생각하면 변화가 시작될 수도 있는 것이죠. 변화는 내게 의미 있는 일을 계획하고 시작하는 것부터 작업기한을 넘길 것 같은 업무 진행을 제시간에 끝내거나 마지막 서류에서 큰 실수를 바로잡는 것까지 다양합니다. 이처럼 인생에 깊이와 밀도를 더하기 위해 당신이 이미 노력해 왔던 일에 주목함으로써 기존의 일상에서 새로운 의미를 발견할 수 있습니다.

니체

인생을 두렵지 않을
선택으로 채워라

하던 일을 다르게 생각한다고 당신의 업무가 견딜 만한 것이 되지는 않을 수도 있습니다. 근본적으로 하던 일이 힘들 수도 있고, 일하는 직장이 업계 사람 모두가 알 만한 블랙기업일 수도 있겠죠. 이 경우 니체의 사고실험은 사실상 더 큰 변화가 필요하다는 사실을 우리에게 명확히 알려줍니다. 지금 하는 일이 영원히 반복되더라도 괜찮을 만큼 당신을 만족시키지 못하고 당신이 일을 바라보는 관점을 바꾸더라도 행복하지 못할 것 같다면, 어떤 결정, 그러니까 더 큰 결정을 내려야 할 필요가 있겠지요.

영원회귀는 당신의 결정에 중요한 가중치를 둡니다. 그리고 당신이 하는 행동에 본질적인 질문을 던집니다. 당신은 왜 그런 행동을 합니까? 일을 대충 내버려 두어도 도움이 되는 방향으로 흘러가기 때문인가요? 아니면 당신이 진짜로 원해서 그렇게 하는 건가요? 처음 시작하는 순간으로 되돌아간 것처럼 주기적으로 행동의 본질을 들여다보는 시간을 갖는다면, 우리는 어느 때나 나의 선택이 반영된 삶을 살 수 있을 것입니다. 남들이 하라고 해서 하는 것이 아니라 내가 원해서 하는, 영원히 반복되더라도 두렵지 않을 선택으로 채워진 진짜 인생 말입니다.

일상에서 영원회귀를 잊지 않는다면 매년 매월 매일 매 순간마다 당신에게 중요한 가치에 정확히 초점을 맞출 수 있습니다. 중심을 잃지 않고 늘 고민한다면 당신이 최선이라 여기는 선택을 할 수 있습니다. 한마디로 이 사고실험은 후회에 대한 해독제입니다. 영원회귀를 떠올리라는 건 일이 정확히 당신이 원하는 대로 풀리기 때문이 아닙니다. 오늘 하루가 영원의 시간에 갇혀 메아리처럼 반복될 때마다, 당신은 눈앞에 놓인 여러 선택지를 떠올리며 언제나 최선의 선택을 했기 때문에 후회는 조금도 남기지 않았다고 생각해 마음의 평화를 얻을 수 있기 때문입니다.

니체

나를 파괴하지 못하는 것은
그게 무엇이든지
나를 강하게 만들 뿐이다.

—니체
Nietzsche

What
is
Wisdom

5

아리스토텔레스

Aristoteles

자신만의 캐릭터를
만들 수 있는가

인내는 쓰지만 그 열매는 달다.

— 아리스토텔레스

"올바른 행동을 하면 올바른 사람이,

절제된 행동을 하면 절제된 사람이,

용감한 행동을 하면 용감한 사람이 된다."

– 아리스토텔레스

어느 날 오후, 한 기업가는 문득 다 포기하고 싶어졌습니다. 새롭게 개발한 제품에 예상치 못한 결함이 발견되었고, 공동설립자 중 한 명은 해외에 있어 연락이 두절된 데다가 투자하겠다던 사람은 투자 결정을 한 주 더 미뤘습니다.

복잡하고 불확실한 세상에서 우리의 행동은 항상 기대하거나 원하는 결과로만 이어지지는 않습니다. 그래서 어떻게 우리가 하는 일의 의미를 발견해야 하는지 명확한 답을 찾는 것도 참 어렵습니다. 이런 상황에서 니체의 말처럼 '왜'라는 질문으로 어떻게든 버틸 수 있는 이유를 찾는 것은 더 어렵게 느껴질 수 있습니다. 너무나 바쁜 현대 사회에서는 이런 고민을 할 시간적 여유조차 없는 사람이 많기 때문입니다. 누군가는 하루하루를 버텨나가는 것도 고작이니까요.

고대 그리스 철학자 아리스토텔레스의 시각에서 보면 이런 상황에서도 우리는 언제나 의미를 찾을 수 있어야 합니다. 하지만 의미를 찾기 위해서는 먼저 해야만 할 것이 있습니다. 앞서 말한 아리스토텔레스의 명언처럼 의미를 찾을 수 있는 사람이 되기 위해서는 덕을 갖춰야 한다는 것이죠. 덕은 우리가 긍정적으로 여기는 성격적 특성이자 우리가 종종 간과하는 영역입니다.

아리스토텔레스

모두를 즐겁게 하는
사람의 비밀

너무 어렵게 생각하지 마세요. 당신이 존경하고 당신에게 영감을 주는 사람을 떠올려 보세요. 착한 사람, 말을 예쁘게 하는 사람, 곁에 있으면 남들을 계속 웃게 만드는 사람, 마음이 편안해지는 사람 등 이런 이들이 모두 덕을 갖춘 사람들입니다. 누군가가 그들을 존경하고 그들에게서 영감을 얻는 이유는 덕을 갖춘 사람들이 인생에서 이룬 업적 때문이기도 합니다. 하지만 그들이 어떤 일련의 과정을 거쳐 덕을 갖춘 인물이 되었는지도 영향을 끼칩니다. 즉, 그들이 가진 뛰어난 인성에 끌리게 된 것이지요.

오랜 시간에 걸쳐 당신이 지니고 싶은 성격이나 덕은 무엇인가요? 우리는 매일 일상 속에서 덕을 실천할 기회를 마주합니다. 친구가 간단하게 부탁한 일을 들어줄 수도 있고, 엘리베이터에서 마주치는 사람들에게 인사를 건넬 수도 있겠죠. 힘든 시기에는 이렇게 사소하고 작은 일들로 덕을 쌓는 것만이 유일하게 당신이 역경을 이겨내도록 하는 동기를 부여할 수도 있습니다. 덕을 너무 큰일로 생각하지 마세요. 거창하게 생각하면 시작하기도 전에 부담을 느낄 수 있습니다.

덕은 과거에도 무수히 많은 이들에게 삶의 의미를 부여하는 역할을 해왔습니다. 다수의 철학자와 학파에서는 인간으로서 좋은 인성을 키우는 것을 삶의 주된 목표로 삼았습니다.

용기·친절·겸손·근면·정직·인내·아량·관용·연민과 같은 덕을 실천하기 위해 여러분의 바쁜 하루에서 굳이 시간을 낼 필요는 없습니다. 덕은 일상생활을 등한시하고 따로 연습해야 하는 거창한 것이 아니라 일상의 일부로 받아들여야 하는 것입니다. 힘든 하루일수록 덕을 쌓을 기회는 더 많다고 보면 됩니다. 문제의 핵심은 인격적으로 완성된 사람이 되기 위해 덕을 실천할 때 얼마나 습관적으로 실천할 수 있는지, 그리고 각각의 기회를 어떻게 하면 최대한 효율적으로 활용할 수 있는지입니다.

잠재적인 투자자가 투자 결정을 미뤘다면 기업가는 어떤 덕을 훈련할 수 있을까요? 인내하는 것입니다. 마시

아리스토텔레스

멜로를 눈앞에 두고 침을 삼키는 어린아이들처럼 성과를 눈앞에 둔 채 기다려야만 하는 것이죠. 누군가가 인내를 실천할 수 있는 유일한 때는 언제일까요? 당연히 정말, 정말 참고 싶지 않을 때입니다. 이와 같은 방법으로, 용기를 실천할 수 있는 유일한 시간은 바로 진정한 공포를 마주했을 때입니다. 공포를 마주하면 일반적으로 사람의 몸은 긴장해서 뻣뻣하게 굳기 마련입니다. 하지만 기회가 올 때마다 연습한다면 우리는 사자를 마주했을 때 달려서 도망치는 것보다 더 나은 선택지는 여러 가지가 있다는 사실을 잘 알게 될 겁니다.

말만으로는 쉬워 보일 수도 있습니다. 그렇지만 이런 특정한 상황에서 '중도'를 찾기 위해선 뼈를 깎는 노력과 다양한 실제 경험이 필요합니다. 지금 당신에게는 어떤 덕이 필요할까요? 또 그 덕은 어느 정도로 실천하는 것이 가장 적당할까요?

친구에게 생일 선물을 주는 상황을 상상해 봅시다. 아주 먼 사이도, 그렇다고 가장 가까운 사이도 아닌 친구에게 그저 싼 값의 선물을 대충 주고 마는 인색함은 필요하지 않을 겁니다. 적당히 가격과 성능을 고려하는 아량을 발휘해야겠죠. 무조건 값이 비싼 것이 좋은 것이라고 여기며 명품을 선물하는 사치는 필요하지 않을 겁니다.

점심 식사 중에 대화를 나눌 때도 마찬가지입니다. 농담의 수위를 잘 조절하지 못하면 천박해 보일 수 있지만, 재치가 있으면 상대를 웃기며 분위기를 풀 수 있습니다. 누군가와 비교해서 농담하는 경우에는 남을 깎아내리지 않도록 주의하는 것이 좋겠지요.

당신이 잘 아는 지인과의 관계를 생각해 보세요. 그가 신뢰할 수 없는 사람인지, 언제고 당신을 도와줄 수 있는 진정한 우정을 지녔는지 혹은 주제넘게 서로의 영역을 침범하는 건 아닌지 우리는 늘 생각하고 판단해야 합니다. 아리스토텔레스는 각각의 상황에서 '중도'를 찾고 덕을 실천할 때, 지금 처한 상황에 따라 들여야 하는 적절한 시간과 양이 달라진다고 말했습니다. 복잡해 보일 수도 있지만 사실 우리가 누군가와 관계를 맺으며 늘 고민하는 것들입니다. 호감이 있는 사람과 잘 지낼 수 있을지, 저 사람의 이상형이 어떤 사람이고 어떤 것을 좋아하는지 궁금해하지요. 반대로 상대가 싫어하는 이야깃거리나 행동은 최대한 지양합니다. 우리는 늘 상대의 취향을 고려해 관계를 맺어갑니다. 이런 것들도 덕을 쌓는 경험이자 기회입니다.

당신에게
가장 중요한 것은 무엇인가?

당신이 누군가를 도와줄 의도로 했던 중요한 행동 한 가지를 생각해 보고, 다음의 질문들에 답해보세요.

- 칭찬받을 만한 행동을 했던 일이 있나요?
- 왜 이 행동이 중요하다고 생각했나요?
- 같은 상황에서 다른 사람들은 어떻게 행동했나요?
- 당신이 본보기로 삼은 가치와 긍정적인 성격적 특성은 무엇인가요?
- 이 행동이 상대방과 당신, 그리고 더 범위를

자신만의 캐릭터를 만들 수 있는가

넓혀 당신이 속한 공동체에 가져온 긍정적인
결과는 무엇인가요?
- 이 행동으로 다른 사람들이 무엇을 배울 수 있
  을까요?
- 돌이킬 수 없는 실수나 피해를 어떻게 막을 수
  있었나요?
- 과거에 비슷한 결정을 내린 적이 있고 같은 상
  황에 놓인다면, 이를 막거나 해결할 수 있는
  고유한 패턴이 있다고 생각하나요?
- 과거와 비슷한 상황에서 덕을 실천하는 데 어
  느 정도 균형을 지켰나요?
- 중도를 잘 지켜 행동했나요?
- 현재에 다시 한번 그 상황을 마주한다면 과
  거와 다르게 행동할 것 같은 부분이 있나요?

앞으로 여러분 자신의 성격을 형성하기 위해 더 쌓고
자 하는 덕은 무엇인가요? 그 덕을 실천할 수 있는 가장
좋은 상황은 언제인가요? 미래에 여러분이 해야 할 일 중
특별히 하고 싶지 않은 일이 있나요? 이런 기회를 통해 여
러분이 발전시킬 수 있는 덕은 무엇일까요?

아리스토텔레스

실패하는 길은 여럿이나
성공하는 길은 오직 하나다.

— 아리스토텔레스
Aristoteles

What
is
Wisdom

6

이소룡

Bruce Lee

물은
가장 빠른 길로 간다

나는 두렵지 않다.
나는 내 삶을 살아갈 것이고
멈추지 않을 것이며 전진할 것이다.

— 이소룡

꿈을 좇거나 새로운 계획을 시작하려 할 때, 모든 일이 잘못되어 간다고 느꼈던 적이 있나요?

- 사업을 위한 대출 신청이 여러 번 거부됐을 때
- 새로운 조리법으로 만든 음식을 처음으로 맛보았지만, 기대했던 만큼 맛이 없을 때
- 괜찮다고 생각했던 파트너와 기대했던 결실을 맺지 못하고 관계가 틀어졌을 때
- 내가 작성한 결혼식 축사 초안에 대한 피

이런 순간에는 나쁜 일들이 설상가상으로 일어나면서 마치 온 세상이 나와 반대로 돌아가는 것처럼 느낄 수 있습니다. 나만 빼고 모두가 행복한 것 같고 나에게만 이런 나쁜 일들이 휘몰아치는 것 같을 때 우리는 쉽게 좌절하며 뭐든지 그냥 포기하고 싶은 유혹에 빠지기 쉬워집니다.

하지만 당신과 당신이 속한 팀이나 조직, 심지어는 사회 전체에 무엇이 걸려 있는지 떠올린다면, 소매를 걷어붙이고 상황을 해결할 새로운 방법을 찾아 나서야 합니다. 잘못되어 가는 일을 바로잡기 위해서는 새로운 차원의 유연성과 융통성이 필요합니다. 전설적인 무술인 이소룡이 말한 것처럼 '물이 되어야' 할 필요가 있는 겁니다.

도교에서 만들어지고 이소룡에 의해 유명해진 이 철학은, 강이 막혀도 물이 흘러가는 것처럼 당신이 걸어가던 앞길이 막혔을 때 앞으로 나아갈 수 있는 다른 방법을 찾습니다.

이 장에서 우리는 물의 특성에 대해 살펴보고 그것을 당신의 인생에 어떻게 적용할 수 있을지 알아볼 겁니다.

어떤 상황에도
적응하는 물처럼

'물이 되어라'라는 개념은 이소룡이 했던 한 인터뷰에서 나왔습니다. 그 인터뷰에서 이소룡은 다음과 같이 말했습니다.

> "물을 잔에 담으면 그것은 한 잔이 됩니다.
> 물을 병에 담으면 한 병이 되고요.
> 찻주전자에 담으면 한 주전자가 되죠.
> 물은 흐를 수도 있고 부서질 수도 있습니다.
> 친구여, 물이 되십시오."

요점은 바로 이것입니다. 물은 유동적이고 형태가 없

습니다. 어떤 상황에 집어넣든 물은 적응합니다. 물을 묘사할 때 '뻣뻣하다, 변하지 않는다, 고집이 세다, 경직되어 있다' 등의 표현을 쓰는 사람은 아무도 없습니다.

강물이 흐르다가 바위에 부딪힌다면 어떻게 될까요? 흐름을 멈추고 "내가 가는 길에 누가 이렇게 돌을 갖다 놨어?"라고 불평할까요? 그렇지 않습니다. 물은 그저 바위를 돌아 다시 갈 길을 갑니다. 미온적이거나 과민한 반응을 보이지도 않고 완전히 멈추지도 않습니다. 주어진 상황에 맞추어 정확히 필요한 만큼 최선을 다해 흐를 뿐입니다.

복잡한 이 세상에 적응하고 장애물을 극복하는 물의 방법을 배움으로써 얻을 수 있는 것이 분명 있습니다. 사람들은 우선 장애물을 마주하면 괴로워합니다. 이러한 고난이 왜 내게만 찾아왔는지 이유를 찾다가 결국엔 눈앞의 장애물을 직시하게 됩니다. 그렇지만 뛰어넘을 수 없는 장애물이라면 옆으로 비켜가는 것도 방법이겠지요. 장애물 사이의 틈을 노려봐도 괜찮을 거예요. 이처럼 당신의 인생에도 '물이 되는' 기회를 주는 장애물이 있거나 자연스럽게 흐름에 몸을 맡기는 상황이 있을 겁니다.

목적지로 향하는
가장 빠른 길

야구 선수 베이브 루스는 이런 말을 한 적이 있습니다.

> "절대 포기하지 않는 사람을 이기는 건
> 어렵다."

물은 절대 포기하지 않습니다. 목적지로 향하는 동안 물은 꾸준히 유연하게 흘러갑니다. 가능한 한 강을 따라 똑바로 흘러갑니다. 필요하면 장애물을 둘러 가도록 방향을 바꾸지만, 꾸준히 앞으로 나아가서 마침내 목적지에 도착합니다. 항상 가장 짧은 길을 선택한다고 할 순 없어도 가장 빠른 길을 택하는 셈입니다.

- 사업을 위한 대출을 거부당하더라도 여전히 당신의 계획한 바를 시작할 수 있게 하는 파격적인 방법은 무엇일까요?
- 새로운 조리법으로 만든 음식을 처음 맛보면 완벽한 경우가 거의 없습니다. 최소의 변화로 최대의 차이를 만들어낼 방법은 무엇일까요?
- 하나의 문이 닫혀도 다른 여러 개의 문이 열릴 가능성이 있습니다. 당신과 함께할 만한 다른 파트너는 없나요?
- 결혼식 축사 대신에 결혼하는 커플의 마음에 감동을 줄 수 있는 창의적인 축하곡을 써볼 순 없을까요?

대부분의 사람은 어려운 도전에 부딪히거나 일에 차질이 생기거나 어려운 상황과 맞닥뜨리는 걸 원하지 않습니다. 하지만 어찌 되었든 그런 일은 일어나게 마련입니다. 인생은 원하는 대로만 흘러가지 않으니까요. 만약 그

이소룡

런 일이 일어난다면 그것은 곧 당신이 적응하고 극복하는 법을 배울 기회가 될 것입니다.

중요한 순간에도
당신의 진짜 목적을 잊지 마라

"무조건 물이 되어라"라고 말하는 게 아닙니다. 많은 조직에서는 이미 여러 경험을 통해 검증된 조직만의 규칙을 작성해 두었습니다. 반드시 지켜야 하는 업무 지침 역시 확실하게 명시되어 있습니다. 또 목표에 도달하기 위한 기획이나 홍보, 마케팅 등 구체적인 프로젝트 계획을 미리 수립하기도 합니다. 하지만 미래에 일어날 일을 매번 예측하고 대비하는 것이 정말 가능할까요?

계획은 우리가 목표를 달성하는 데에 확실한 방향성을 주기 때문에 도움이 됩니다. 당신의 조직만이 가진 원리 원칙이 제대로 작동할 수도 있습니다. 당신의 아이디어에 대한 동료들의 실질적 지원은 일을 더 수월하게 만들 것입니다. 하지만 계속해서 반복하다 보면 어느새 계획이 문제가 아니라 회사의 업무 지침이라는 규칙 그 자체가 목적이 되어 결국에는 실무에 방해가 될 수도 있습니다. 의사결정을 위한 회의를 열지만, 회의를 위한 회의를 하는 것이죠.

언제나 그렇듯, 우리에게는 목적과 수단을 혼동하지 않고 둘을 명확히 구별하는 것이 중요합니다. 당신의 진짜 목표는 무엇인가요? 어떤 순간에 정확하게 '물이 되어야' 최대한 순조롭게 목표에 도달할 수 있을까요?

예기치 못한 차질이 빚어지면 우리는 종종 좌절합니다. 당연히 반사적으로 불평이나 남 탓을 하지요. 포기하거나 부동의 장애물을 없애기 위해 "멈출 수 없는 힘"을 사용하기도 합니다. 하지만 인생은 너무도 복잡해서 어떤 방면에서든 모든 것을 내 손바닥 위에 두고 마음대로 할 수는 없는 법이죠. 여기서 얻을 수 있는 교훈은, 생각하고 느낀 것을 과감히 바로 실행하라는 것입니다. 자유로움, 유연함, 융통성을 즐길 수 있을 때 즐기세요. 예상치 못한 문제에 명쾌하고 신선하면서도 꼭 맞는 해결책이

이소룡

떠오를지도 모릅니다. 마치 물줄기가 나아갈 길을 바로 찾아 유려하게 산을 흘러내려 가는 것처럼 말이에요.

잠시 시간을 내어 현재 당신이 나아가는 길에 놓인 장애물 하나를 떠올려 보세요. 장애물에 부딪히는 대신 돌아가면서도 당신의 목표에 도달할 방법을 생각해 보세요. 여기서 더 나아가 억지로 생각하지 말고 그저 '물이 되어 보세요.'

당신은
당신이 생각하는 대로
변한다.

—이소룡
Bruce Lee

What
is
Wisdom

7

탈레스
Thales

무수한 정보에
감춰진 패턴을 파악하라

인생에서 가장 어려운 것은

자신을 아는 것이다.

—탈레스

최근 대다수의 사람이 점점 더 많아지는 콘텐츠 공급 때문에 끊임없이 늘어나는 정보의 홍수 속에 빠진 자신을 봅니다. 이메일, 언론 매체, 소셜 미디어, 메신저 앱… 여기에 가족과 친구, 동료와의 대화까지 더해집니다.

이 모든 정보의 양과 복잡성 그리고 종종 존재하는 모순을 고려할 때, 중요한 결정은 물론이고 심지어는 사소한 결정마저도 내리기 힘들 때가 있습니다. 오늘 점심은 무엇을 먹을지부터 이 업무는 누가 담당할지까지 우리는 언제나 결정을 고민합니다. 여러분이 적절한 때에 적절히 구별한다고, 특히 판단이 가장 중요한 순간에 정확한 결단을 내린다고 얼마나 확신할 수 있나요? 진짜 신호와 단순한 소음의 차이, 중요한 메시지와 중요하지 않은 메시지의 차이, 근본적 원인과 피상적 증상의 차이를 얼마나 쉽게 구별할 수 있나요?

각각의 정보를 조각조각 나누어 생각하면 처리하기가 힘듭니다. 단편적인 사실만 놓고 보는 것보다는 여러 가지 요소를 고려하는 것이 결정에 도움이 되지요. 그래서 이럴 때는 정보에 담긴 패턴을 찾아내야 합니다. 한 걸음 뒤로 물러서서 시간을 두고 큰 그림을 관찰하는 것은 일상에서의 의사결정 시 옳은 판단을 내리는 데 도움이 됩니다. 만약 당신이 이제 막 경력을 쌓기 시작했다면 이 방법을 적용하기는 힘들 수도 있습니다.

불경기나 부도, 위기, 성장 등 과거에 많은 일을 겪어온 경력자들은 넘쳐나는 여러 정보 속에서도 필요한 순간 패턴을 알아차리고 "이런 일을 겪은 적이 있다"라고 말할 수 있습니다. 그들은 많은 경험을 통해 얻은 깨달음으로 인생에 오르막과 내리막이 있다는 사실을 알고, 여러 일을 통해 익힌 경험을 토대로 적절한 대응을 해가며 호시절과 불경기를 헤쳐나갈 수 있습니다.

경험이 적은 이들에게는 패턴을 알아차리는 것이 더 큰 도전 과제처럼 여겨질 수 있습니다. 머릿속으로는 패턴을 알아본다는 개념을 이해할 수 있을지도 모르지만, 실전에서 이런 관점을 갖고 세상 일을 바라보기는 어려운 법이죠. 결국 어떤 일에 대응해야 하고 어떤 일은 신경 쓰지 않아도 괜찮은 것처럼 중요한 것과 그렇지 않은 것을 구분하는 데만 큰 힘을 들여야 하는 경우도 생깁니다.

너무 늦기 전에 패턴을 알아차리는 능력을 키우고 싶다면 당신의 인생 경험치와 관계없이 (많은 이들이 서양 최초의 철학자로 여기는) 고대 철학자 탈레스의 지혜가 도움이 될 수 있을 겁니다.

세상 어느 것에나
존재하는 패턴

탈레스에 대해 알려진 바는 많지 않습니다. 하지만 하

늘의 별을 올려다보던 탈레스가 그만 우물로 떨어져 버렸다는 일화는 전해 내려옵니다. 이 이야기는 현실을 성찰한다는 측면에서 철학자들이 어떻게 현실과 멀어지는지에 관한 예로 자주 꼽히는 일화입니다.

하지만 탈레스가 왜 늘 하늘을 올려다보았는지는 종종 간과되곤 합니다. 탈레스는 날씨를 관찰하는 데 뛰어났을 뿐 아니라 우리가 상상하는 것보다 훨씬 더 실용적인 관찰을 해냈습니다. 그는 날씨가 바뀌는 모습을 관찰하고 기상 변화에 대한 지식을 갖춰 여러 기상 사태를 예측할 수 있었습니다. 그중에는 기원전 585년 5월 28일에 있었던 일식도 있었습니다.

어떤 해에는 올리브의 과잉 생산을 예측하기도 했습니다. 다른 사람들이 이를 깨달았을 땐 이미 탈레스가 밀레토스Miletus 지역의 모든 올리브 착유기를 빌려간 뒤였습니다.

현실을 모른다고요? 그럴 일은 거의 없습니다. 탈레스를 더 알게 될수록 우리는 왜 아리스토텔레스가 그에 대해 이렇게 말했는지 이해할 수 있을 겁니다.

탈레스

"이런 방법으로 탈레스는 철학자들이
손쉽게 부유해질 수 있다는 걸 증명했다."

세상과 세상의 패턴을 더 잘 이해하기 위한 탈레스의 탐구는 범위를 제한하지 않았습니다. 그는 천문학뿐만 아니라 물질의 본질에도 관심을 가졌습니다(탈레스는 '모든 사물은 물이다'라고 주장한 것으로 알려져 있습니다). 그는 기하학·수학·공학도 익혔으며 무엇보다도 미신을 꺼렸습니다. 탈레스는 초자연적인 현상은 없다고 생각했습니다. 세상에 일어나는 자연 현상을 이치에 맞는 원리에 따라 설명하고자 노력했던 겁니다.

발견하고 싶은 패턴은
무엇인가?

더 나은 결정을 내릴 수 있도록 인생의 패턴을 알아차리는 능력을 키우고자 한다면, 오늘부터 당장 시작할 수 있는 일이 많이 있습니다.

먼저 자신의 패턴을 더 잘 이해하기 위해 일기를 써 볼 수 있습니다. 특정 상황에서 머릿속에 떠오르는 생각과 실제로 행동한 것을 글로 남겨보세요. 매일 아침 커피를 타거나 물을 떠오는 잠깐의 시간 동안 무슨 생각을 하는지 떠올려 보세요. 중요한 회의에 들어가기 5분 전에는 무슨 생각을 했나요? 어떤 감정을 느꼈고, 어떤 행동을 했나요?

그 순간에는 패턴을 파악하기 힘들 수 있습니다. 하지만 시간이 흐른 뒤에 남긴 글들을 돌이켜 보면 여러분 인생의 많은 부분에서 패턴이 보이기 시작할 겁니다. 규칙적인 일상을 보내는 동안 당신의 기분 변화와 관련하여 반복되는 패턴이 있나요? 당신의 개인적인 관계나 공적인 관계에서 눈에 띄는 점이 있나요? 당신이 어렵거나 힘든 상황에 대처하는 방식은 어떻습니까?

두 번째, 다른 사람의 경험으로부터 깨달음을 얻음으로써 패턴을 발견하는 능력을 키울 수 있습니다. 위대하거나 성공한 사람의 자서전이나 전기를 읽고, 다큐멘터

탈레스

리를 보고, 다른 사람의 인생 이야기에 관심을 가지세요. 그들의 인생에서 어떤 패턴을 발견했나요? 그중 당신이 자주 겪거나 공감할 수 있는 패턴이 있습니까? 이를 토대로 당신의 행동 패턴을 예측해 볼 수 있나요? 이런 개인적인 패턴 중 조금 더 보완하거나 반대로 더 약하게 만들거나 아예 완전히 없애버리고 싶은 패턴이 있습니까?

마지막으로, 조금 더 추상적인 수준으로 들어가 봅시다. 오늘 여러분 주변에서 일어나는 모든 일은 더 큰 범위의 패턴에 속한다고 볼 수 있습니다. 천문학·물리학·생물학·화학·역사학·사회학·경제학·윤리학 등을 공부해 보면 유사한 패턴이 더 큰 규모로 펼쳐짐을 알 수 있습니다. 이 중 어떤 영역의 패턴을 더 배워보고 싶습니까? 현재 여러분 수중의 시간과 에너지, 그리고 할 수 있는 수단과 다가갈 수 있는 범위까지 고려할 때, 패턴을 배우기 위한 최고의 방법은 무엇일까요? 나아가 당신이 세상을 더 좋은 곳으로 만들기 위해 기여하고 싶다고 생각하는 영역이 있나요?

오랜 시간에 걸쳐 여러분이 관찰한 내용들 사이의 공

통점과 차이점을 찾는다면 매일 조금씩 시간을 투자한 보람을 느낄 수 있을 겁니다. 오늘 하루에 국한된 정보에만 자신을 노출하기보다 탈레스 시대 이래로 존재했던 장단기적 패턴들을 이해하기 위해 노력해 보는 것이 중요합니다. 여러분을 기다리는 놀라운 발견을 찾아보세요. 너무 매료된 나머지 별과 우물이 등장했던 고대의 특별한 패턴까지 잊지는 말길 바랍니다.

탈레스

꿈은 크게 가지되
현실을 바로 볼 수 있는
냉철한 머리를 함께 가져라.

—탈레스

Thales

What
is
Wisdom

8

데모크리토스

Democritus

이론은 실제로
적용했을 때 완성된다

모두를 믿지 말고,

가치 있는 이를 믿어라.

—데모크리토스

"학문 교육에 있어서 가장 위험한 점은

모든 사물을 지나치게

지성적으로 처리하려는 경향이 생겨서,

지금 내 앞에 일어나는 일에만

집중하지 못하고 추상적인 사고에 빠져

길을 잃게 된다는 점이다."

– 데이비드 포스터 월리스

고대 사상가인 데모크리토스는 많은 이들에게 현대
과학의 아버지로 알려져 있으며, '모든 사물은 원자로 구성된다'라는 이론을 세운 것으로 유명합니다.

그는 지식이란 감각을 이용한 관찰을 바탕으로 지성을 익히면 도달할 수 있는 것이라 믿었습니다. 그래서 우리가 배우는 이론은 일상적인 경험과 떨어질 수 없는 관계라고 생각했습니다.

이론과 일상의 경험을 연관시키는 사고방식은 단순히 과학 수업이나 실험실에만 적용할 수 있는 것이 아니라 일상생활에도 대입할 수 있습니다. 지금 당장 여러분 앞에 벌어지는 일에 더 관심을 기울인다면 여러분이 놓칠수도 있었던 중요한 신호들을 알아차릴 수 있을 겁니다.

지식인 계층, 특히 대학을 갓 졸업한 이들은 새로운 개념과 사고방식을 이해하고 터득하는 데 열심입니다. 하지만 이론에만 너무 몰입해 있다면 실제로 일어나는 일을 간과하는 함정에 빠질 수 있습니다.

따라서 길을 잃거나 헤매는 일이 없도록 하는 데 필요한 조언은 "더 가까이 들여다보고 행동하라"라는 조언입니다. 이를 실천할 때 인생은 더 풍부해집니다. 이론과 현실 사이에 거리가 있다고 생각할 수도 있겠지만, 둘은 아주 가까운 관계입니다. 먹는 음식의 맛을 음미하고 스피커에서 흘러나오는 음악에 귀를 기울여 보세요. 단순히 대화가 이루어지는 장소에 물리적으로 머무는 것이 아니라 그 대화를 이해하는 데 집중해 보세요. '흠, 책에선 이렇게 말하던데'라든지 '내가 생각했던 바와 다른데' 같은 생각을 하는 대신 여러분 주변 환경으로부터 즉각적인 피드백을 받아 적응할 수 있을 겁니다. 주위의 변화를 빠르게 눈치채고 상황에 맞게 대처할 수 있을 테니까요. 데모크리토스식 사고는 우리가 관찰하고 행동함으로써 있는 그대로의 세상에 더욱 가까이 다가가도록 만들어줍니다.

아주 사소한 것을
발견하는 관찰

보다시피 이런 '관찰한 것들을 중심으로 보편적인 명제를 끌어내는 사고'는 단순히 일이 어떻게 되는지가 아니라 실제로 일이 어떻게 진행되는지를 알 수 있도록 우리에게 도움을 줍니다. 이 방식은 여러분 주변 환경과 밀접하게 연결되어 피드백을 받아 반응한다는 개념에 뿌리를 둔 것입니다. 전구를 연구하던 토머스 에디슨을 떠올려 보세요. 그는 각 실험의 결과에 초점을 두었습니다. 에디슨은 자신이 적용하던 공식과 과학 원리를 계속해서 수정하며 다듬고 시험했습니다.

에디슨의 업적은 많은 사람이 인용하지만 실제 그 기원을 알 수 없는 이 명언으로 설명될 수 있습니다.

> "이론상으로는 실제와 이론의 차이가 없다.
> 실제로는 차이가 존재한다."

책이나 그 외 신뢰할 수 있는 전문적인 식견으로 엄선된 정보는 지식을 얻는 훌륭한 방법입니다. 하지만 이것은 지혜를 얻는 출발점에 지나지 않습니다. 지혜는 실천과 경험에서 옵니다. 즉 실제로 경험함으로써 얻을 수 있는 것이지요.

데모크리토스

다행히도 '원자의 세계'와 밀접하게 연관된 사고방식을 키우는 일은 여러분이 예상하는 것보다 쉽습니다. 여러분의 감각을 더욱 자주, 세심하게 사용하는 일에서부터 시작되기 때문입니다. 산책할 때를 예로 들어봅시다. 이때 여러분 앞에 놓인 길만 바라보지 마세요. 이어폰이나 헤드셋을 빼고 세상의 소리를 들어보세요. 심호흡을 하며 공기의 냄새를 맡아보세요. 길바닥에 놓인 돌과 길가에 피어난 이름 모를 식물들을 만져보세요.

이렇게 일상을 관찰하는 경험은 당신의 직장생활에도 도움이 될 것입니다. 고객이나 직원과의 회의가 끝난 뒤, 자신에게 질문해 보세요. 이 상호작용 과정에서 나는 무엇을 직접 보거나 들었을까요? 내가 관찰한 내용에는 어떤 의미가 있을까요? 명쾌한 피드백을 주거나 확실하게 나아갈 수 있는 돌파구를 조금이라도 보여주는 역할을 했을까요? 회의를 통해 다른 사람에게 유용한 정보를 전달했을까요? 이런 자기성찰적인 질문들을 통해 주변 환경이 여러분에게 보내는 신호들을 간과하거나 잊지 않도록 되새길 수 있습니다.

당신의 루틴에서 벗어나 도전하거나 실험해 보는 것을 두려워하지 마세요. 다급한 용건이 생겨 친구에게 메시지를 보내는 대신에 직접 전화를 건다고 생각해 보세요. 메시지를 보내기보다 전화를 하면 상황이 해결되거나 진정되는 데 더 도움이 될까요? 둘 중 어떤 방법이 좀 더 효과적일까요? 새로이 관찰한 것으로 무엇을 배울 수 있을까요?

마지막으로 일이 실제로 어떻게 진행되는지 더 궁금해하세요. 쉽게 말해 다른 여러 일에 호기심을 가지라는 말입니다. 사회의 다양한 방면에 참여해 다른 사람들이 어떻게 자신이 맡은 임무를 해내는지 살펴보세요. 다른 사람의 업무일지를 읽으며 동료가 어떻게 일하는지 보는 것도 추천합니다. 유명인의 게시글이나 피드를 보면서 그의 행동 방식을 분석해 보는 것도 괜찮고요. 남들과 다른 방식으로 일하거나 무언가 특별하게 느껴지는 사람을 관찰해 보세요. 본받고 싶은 사람이 있다면 더 좋습니다. 그 사람이 일을 처리하는 방식은 당신이 같은 상황에 놓였을 때 처리하는 방식과 같나요? 우리는 이론상에서

뿐만 아니라 실제 경험에서 발견하는 것으로 놀랍고 새로운 해결책이나 깨달음을 얻을 수 있습니다.

세상은 원자와 빈 공간뿐,
나머지는 의견에 불과하다.

— 데모크리토스
Democritus

What
is
Wisdom

9

오컴

Ockham

가장 단순한 것을
선택하라

많은 것들을

불필요하게 가정하지는 말라.

—오컴

"불가능을 제외하면 남는 것은

아무리 믿을 수 없을지라도 진실이다."

– 셜록 홈즈

    평소라면 몇 시간 내로 당신의 질문에 답했을 팀원이 아직 답변을 주지 않았습니다. 신제품이 출시되었지만 포커스 그룹(시장 조사나 여론 조사를 위해 각 계층을 대표하도록 뽑은 소수의 사람들로 이뤄진 그룹—옮긴이)의 열광적인 반응에도 불구하고 매출은 제자리입니다. 조건상으로는 완벽하게 잘 맞을 것 같던 룸메이트가 함께 살자는 제안을 거절

했습니다.

하나의 상황을 각기 잘 설명하던 두 가지 이론이 서로 부딪히면 우리는 둘 중 하나만 선택해야 하는 경우가 생깁니다. 한 가지를 선택해야 할 때 당신은 어떤 방법으로 결정을 내리나요? 스콜라 철학자 윌리엄 오컴(Ockham 혹은 Occamus라고 표기한다-옮긴이)은 다음과 같은 조언을 해줄지도 모릅니다.

"가장 단순한 설명을 선택하라."

당신에게 절대적으로 꼭 필요한 사실만 남겨 고민해보라는 말입니다. 막연한 희망이나 어설픈 추측은 선택에 방해가 될 뿐이지요. 그러니 이론에서 관찰할 수 없는 부분은 제거해야 합니다. 예를 들어 팀원들은 각기 우선시하는 업무를 처리하느라 바빠서 답을 하지 못한 것일 수도 있죠. 괜히 타인의 생각과 감정을 추측하며 '오늘 회의 때 내가 부정적인 의견을 냈기 때문에 저 사람의 기분이 상했을 거야. 그래서 답을 주지 않았구나'라는 헛된 생

오컴

각을 하지 말라는 말입니다.

이 조언은 '오컴의 면도날'로 알려져 있습니다. 당신의 도구상자에 담아두고 유용하게 사용할 도구죠. 오컴의 면도날은 600년 전에 만들어졌지만, 여전히 그때처럼 날카로우며 불필요한 추측에 회의적인 태도를 갖춰야 한다는 메시지를 전하며 현대인들에게도 중요한 선택의 지침이 되어줍니다.

복잡한 일을
가장 단순하게 만드는 방법

시간이 항상 여러분의 편인 것은 아닙니다. 몇몇 복잡한 결정의 경우에는 박사학위 프로젝트처럼 신중하게 고심하며 다루어야 할 만한 것들도 있습니다. 그렇지만 학계와 달리 실제 생활에서는 세세한 것 하나하나를 심사숙고할 기회가 주어지지는 않습니다.

잠시 시간을 내어 최근에 놀랐던 일을 한 가지 떠올려

보세요. 예기치 못했던 이 상황에 대해 세 가지 사항 정도로 설명할 수 있나요? 어떤 설명에 가장 많은 추측이 담겨 있나요? 어떤 설명이 가장 단도직입적인가요? 오컴이라면 어떤 설명을 선택할까요?

최근 여러분이 진행하는 중요한 일을 생각해 보세요. 결과는 어떻게 예상되나요? 그 결과들이 실현되기 위해 여러분이 믿어야 할 것은 무엇인가요? 더 성공할 가능성이 큰 선택지가 있나요? 이런 결과들을 얻기 위해 더 간단한 방법은 없나요?

시간과 에너지를 아끼는
당신만의 면도날

오스트리아 출생의 영국 철학자 루트비히 비트겐슈타인은 한때 이런 말을 했습니다.

"만약 어떤 기호가 필요하지 않다면, 그것

오컴

은 의미 없는 기호다. 이것이 오컴의 면도날
이 의미하는 바다."

오컴의 면도날이 모든 상황에 항상 적합한 도구는 아
닙니다. 여러분은 당연히 자신이 내리는 결정의 결과를
고려해야 하고, 결정이 잘못되었을 땐 더욱 고려해야 할
사항이 많아질 테니까요. 가끔은 다른 철학의 면도날을
사용하는 것이 더 나을 수도 있습니다.

"증거 없이 주장할 수 있는 것은
증거 없이도 기각될 수 있다."

– 히친스Hitchens의 면도날

"어리석음으로써 충분히 설명할 수 있는 일
을 악의 탓으로 돌리지 말라."

– 핸런Hanlon의 면도날

"실험으로 해결될 수 없는 것은

토론할 가치가 없다."

당신은 자신을 충분히 돋보이게 할 수 있는 자신만의 면도날이 있나요? 불필요한 일을 방지하기 위해선 어떤 면도날이 도움이 될까요? 당신의 팀에는 어떤 면도날을 사용해 보고 싶은가요? 미래 세대를 위해서 만들 수 있을 만한 새로운 면도날에는 무엇이 있을까요?

너무 빠르게 변화해 때때로 압도되는 느낌마저 받는 세상에서라면, 일을 단순하게 하는 것이 여러분 자신과 그 외 다른 이들에게 상당한 시간과 정신적 에너지를 낭비하지 않도록 도와주는 품격 있는 방법이 될 수 있습니다. 오랜 시간에 걸쳐 이 면도날들을 제대로 적용하는 방법을 배우도록 노력하고, 행여나 실수로 자신을 다치게 하는 일은 없길 바랍니다.

오컴

삶은 복잡하지 않다.
우리가 복잡할 뿐이다.
삶은 단순하며,
단순한 것이 옳은 것이다.

—오컴

Ockham

What
is
Wisdom

10

히포크라테스

Hippocrates

의도치 않은
피해를 막는 대비책

현명한 자는
건강을 인간의 가장 큰 축복으로 여기고,
아플 땐 병으로부터 혜택을 얻을 방법을
스스로 생각하여 배워야 한다.

— 히포크라테스

한 항공기 제조사가 승객들의 항공기 이용 경험을 더 쾌적하게 만들기 위해 엔지니어들에게 요청하여 비행 중 선실 내 소음을 획기적으로 줄일 수 있는 신기술을 개발했습니다.

일부 어린이집은 하원 시간 이후에 아이들을 데리러 오는 부모들에 지친 나머지, 유리 그니지Uri Gneezy 와 알도 러스티치니Aldo Rustichini 라는 두 연구자의 도움을 받아 아이를 늦게 데리고 가는 부모들에게 벌금을 부과하는 실험을 진행했습니다.

한 유명인이 온라인 지도상에 노출된 비공개 해변 별

장 사진을 인터넷상에서 삭제할 것을 요구하는 법적 요청을 제출하며 자신의 침해받은 프라이버시가 회복되길 원했습니다.

앞서 말한 이야기들은 모두 무리 없이 문제가 해결될 것처럼 보였습니다. 하지만 현실은 그렇게 녹록지 않았습니다.

항공기 제조사에는 곧 선실이 지나치게 조용하다는 불만이 접수되었습니다. 선실 내 소음이 해결되자 예전과 달리 승객들이 듣고 싶지 않았던 다른 소리가 들리기 시작했기 때문입니다. 옆자리 사람들의 이야기는 더 크게 들려왔습니다. 카트의 삐그덕거림은 물론 좌석에서 나는 여러 소리들이 불만이 되어 돌아왔습니다.

어린이집에는 이제 정각에 아이들을 데리러 오곤 했던 부모들마저 늦게 도착하기 시작했습니다. 벌금을 냄으로써 지각하던 부모들의 죄책감이 덜어져 사실상 그들에게 벌금을 지불하니 늦어도 된다는 암묵적인 허가를 해준 셈이 되었기 때문입니다.

유명인의 별장은 항의로 인해 예전보다 더 많은 관심

을 끌었습니다. 간단한 항의로 끝났을 일이 오히려 소송을 통해서 별장의 존재를 더 많은 사람에게 알리고 만 것입니다.

앞서 말한 예시들은 '1차 효과'와 '2차 효과'의 차이를 보여줍니다. 우리의 행동이 가져오는 즉각적인 결과와 그 결과로 발생한 (의도치 않은) 결과 사이에 어떤 차이가 있는지 알 수 있게 돕습니다.

선한 의도가
반드시 좋은 결과로 나오진 않는다

그리스 코스^{Kos}섬 출신의 히포크라테스는 기원전 약 400년경 인물로 의학의 아버지라 알려져 있습니다. 그의 유산은 질병에 관한 체계적인 연구부터 유명한 의사를 위한 히포크라테스 선서를 포함해 의료 개입의 철학과 윤리에 이르기까지 오늘날에도 전 세계적으로 여전히 이어집니다.

히포크라테스 의료 학파가 도입한 사고방식은 의료계뿐만 아니라 더 넓은 의미의 복잡한 시스템에서 문제를 해결하고자 하는 모든 사람에게 도움이 되었습니다. 그가 얻었던 중요한 통찰 중 하나는, 누군가의 행동이 낳은 결과에는 예상치 못한 것이 많기 때문에 선한 의도가 반드시 좋은 결과로 이어지지 않는다는 점입니다. 따라서 선행을 하고자 할 때 우리가 중요하게 생각해야 할 것은 '우선 해를 입히지 말아야 한다'라는 것입니다.

그렇다고 해서 자신의 시간과 창의력, 에너지를 들여 긍정적인 변화를 만들어보려는 이상주의적인 사람들의 의욕을 꺾으려는 건 아닙니다. 마지막 결과가 나왔을 때, 우리는 본연의 의도나 꿈꾸었던 이상 혹은 서류상 작성했던 계획이 전부가 아니란 사실을 알게 될 것입니다. 결과를 향해 나아가는 과정 역시 중요하지만, 우리의 꿈을 이루기 위해서는 결과를 빼놓을 수 없습니다. 행동이 낳은 결과가 나타난 이후, 상황은 예전에 비해 나아졌나요? 문제는 해결되었나요? 세상은 조금이나마 더 나은 곳이 되었나요?

하지 않는 것이
정답일 수도 있다

체스에는 '말을 움직여야 할 의무 때문에 불리한 형세에 놓이는 상황'을 의미하는 추크츠방 Zugzwang이라는 용어가 있습니다. 체스를 두는 사람이 이런 판국에서 말을 강제로 움직여야 한다는 것은 자신의 위치가 상당히 약해진다는 걸 의미합니다.

이처럼 어떤 문제를 맞닥뜨렸을 때, 우리는 즉각적인 행동을 통해 문제를 해결하고 싶은 자연스러운 충동을 느낄 수 있습니다.

우리는 불확실하더라도 경우에 따라 직접적인 대응을 해야만 하는 상황, 즉 바로 움직여야만 하는 상황이 발생합니다. 이 경우에 우리는 항상 아무 행동도 하지 않는 것보다 어떤 행동이라도 하는 것이 더 낫다고 생각할 수 있습니다.

하지만 2차 효과를 고려해 보면, 우리의 행동이 가져올 수 있는 의도치 않은 결과들이 이미 나쁜 상황을 더 좋지 않게 만드는 걸 예상할 수 있습니다. 해악은 즉각적으로 드러나기보다 연쇄적으로 이어지는 결과 속에 숨겨져 있는 경우가 많습니다.

다행스럽게도 우리 인생은 여러 면에서 체스와는 다릅니다. 아예 아무것도 하지 않거나 오랜 시간에 걸쳐 다양한 방면에서 소규모로 여러 해결 방안을 시험해 볼 수도 있으니, 그 선택의 폭이 훨씬 넓습니다. 여러 선택지를 고려할 때는 의도치 않은 결과가 무엇일지 예측하고 즉각적인 피드백을 얻어 문제를 해결하는 과정을 수정하여, 각 단계별로 더 효과적인 해결책을 만드는 것이 가능합니다. 이렇게 하면 적어도 의도치 않았던 큰 규모의 돌이킬 수 없는 해악을 막을 수 있습니다.

더 나은 결과를 위해
악화시키지 말 것

지금 당장 해결하고 싶은 중요한 문제 하나를 떠올려

보세요. 단순하면서도 명확한 동시에 극단적으로 그 문제를 풀 수 있는 뻔한 조치를 생각해 보세요. 그 행동으로 문제를 해결한다면 1차 효과는 무엇일까요? 그리고 2차 효과는 무엇이 될까요? 여러분은 어떻게 그 효과에 대해 아나요?

이제 당신이 그 문제를 해결하기 위해 더 많이 고민해서 다른 행동을 취했지만, 어찌 된 일인지 상황이 더 나빠졌다고 가정해 보세요(이걸 사전 부검 연습이라고 합니다). 자, 이제 지금껏 했던 행동 중 무엇이 잘못되었는지 복기할 수 있습니다. 복기를 통해 얻은 바를 바탕으로 앞서 했던 것처럼 의도치 않은 나쁜 결과가 발생하지 않도록 올바르고 시의적절한 결정을 할 수 있게 됩니다.

히포크라테스 정신에서 보면 우리의 의도나 꿈, 이상이 아름다울 수 있겠지만, 결국 중요한 건 바로 그 결과입니다. 어떻게 해야 간단명료한 해결책들이 대규모의 의도치 않은 해악을 유발하지 않도록 막을 수 있을까요? 국지적으로 문제가 되는 상황은 어떤 과정을 거쳐야 더 나은 상황으로 바꿀 수 있을까요? 언제 어디서 행동하는 것이 아무것도 하지 않는 것보다 나은 결과를 가져오게 될까요? 언제 어디서 행동해야 좋을까요? 세상을 지금보다 더 나은 곳으로 만드는 일은 적어도 상황을 더 나쁘게 만들지 않는 것으로부터 시작합니다. 이 사실을 탄탄한 기초로 삼아 당신의 열정과 용기, 그리고 이상주의를 긍정적인 변화를 만드는 데 써보세요. 우리는 더 나은 선택과 결정으로 해악 없이 좋은 결과를 낼 수 있을 겁니다.

히포크라테스

두 가지 습관을 들여라.
돕거나 최소한의 해를
끼치지 않도록 하는 것이다.

— 히포크라테스
Hippocrates

What
is
Wisdom

11

칸트

Kant

타인의 말에
흔들리지 않을 용기

생각은 부자를 만들지 않지만
생각 없이는 부자가 될 수 없다.

—칸트

그 어느 때보다 많은 사람의 의견을 따를 기회가 주어지는 오늘날에는 많은 부분을 스스로 고민하지 않고 남에게 맡기는 일이 쉬워졌습니다. 건강 관리부터 자산 관리까지 제대로 된 전문가를 찾기만 하면 그 이후에 많은 생각을 할 필요가 없습니다.

이와 같이 '무조건 남의 말을 따르면 좋다'라는 원칙은 직장 생활에도 존재할 수 있습니다. 전문가나 고위 간부들의 의견이 곧 정답이 되는 조직에서 일하거나 수십 년간 성공했던 방식대로만 업무를 수행하는 경우입니다.

매일 이런 환경에서 근무한다면 불확실하고 복잡한

세상에서 안정감와 확실함, 단순함 그리고 명확함을 키울 수 있을지 모릅니다. 하지만 그 이면에는 드러내어 말하지는 않는 의심이 남아 있을 겁니다. 만약 전문가 의견이 옳지 않다면 어떻게 할까요? 고위 간부들이 조직 내 정치 싸움에 얽매인 상태라면 어쩌죠? 기존의 업무 절차가 단순히 형식적인 절차로만 남아 영광스러운 과거의 잔재가 되어 더 이상 실질적인 도움을 주지 못한다면 어떻게 해야 할까요?

이와 같은 상황에서 독일의 철학자 이마누엘 칸트는 "용기내어 알려고 하라/과감하게 지식을 추구하라(Sapere aude, 영어로는 Dare to know)"라고 말할 겁니다. 계몽시대에 출간된 1500쪽 이상의 눈부신 글과 그 외 작품 전반에서 그는 광범위한 주제에 관한 생각을 발전시키며 근본적인 세 가지 질문에 대한 답을 찾으려 애썼습니다.

- 내가 아는 것은 무엇인가?
- 내가 해야 하는 것은 무엇인가?
- 내가 바랄 수 있는 것은 무엇인가?

칸트

스스로 생각하는 법을 찾는 이들에게 위의 세 가지 질문은 훌륭한 출발점이 될 수 있습니다.

모든 것을
알 수는 없다

칸트는 어떤 것은 알 수 있는 반면, 알 수 없는 것도 많다고 믿었습니다. 이 둘을 명확히 구별할 줄 알면 겸손해진 상태로 살아가는 데 큰 도움이 됩니다. 이러한 사고는 알 수 없는 것에 관해 아는 것인 양 주장하는 이들과 맞설 용기를 줍니다.

(거의) 모든 것을 안다고 생각하면 회의적인 태도를 취하기가 어렵습니다. 전문가나 권위 있는 인물이 주장하는 내용에 대해 "이 사람은 이 주제에 대해 수십 년간 연구한 경험이 있는데, 내가 그의 발언을 의심할 자격이 있나?"라고 반응하고 싶어질 수 있습니다. 그러나 우리가 알아야 할 것들을 조사해 보면, 앞서 소크라테스가

했던 말을 빌리는 편이 더 편하게 느껴질 겁니다. '진짜 그럴까?'

진정한 전문가는 많은 위대한 사상가들이 수 세기 동안 썼던 말을 가장 먼저 인정할 것입니다.

> "알면 알수록 모르는 게 많다는 사실을 깨닫게 됩니다."

모든 의사 결정에서 우리가 알 수 있는 정보는 한정적입니다. 모르는 것과 아는 것 사이의 간극을 채우기 위해 더 많은 정보를 분석하는 행동이 언제나 가능한 것도 아닐뿐더러 시간을 효율적으로 쓰는 가장 좋은 방법도 아닙니다. 그렇다면 이 모든 "파악하거나 파악하지 못한" 것들을 고려할 때, 우리는 어떻게 해야 지혜롭게 앞으로 나아갈 수 있을까요?

칸트

무엇을 해야 하는지 알기

인생에서 여러분이 할 수 있는 일은 많지만, 무엇을 해야 하는지는 잘 모르는 경우가 많습니다. 칸트가 중요하게 생각하는 한 가지는 바로 '우리가 타인을 어떻게 대해야 하는가'였습니다. 우리는 올바른 방법으로 일을 처리할까요? 주변 사람들을 대할 때 우리는 어떻게 행동해야 할까요?

우리의 열망을 좇다 보면 사람을 하나의 '자원'이나 '목적을 위한 수단'으로 여길 위험이 있습니다. 칸트는 사람이 그 자체로 목적이며 그에 맞는 대우를 받아야 할 필요가 있다고 주장했습니다. 다른 방식으로 해석하는 건 비도덕적인 행동이고, 자신과 타인에게도 해를 끼치는 일입니다.

여러분은 '목적'과 '수단'의 차이를 얼마나 명확하게 구분하나요? 의사결정을 하거나 직장 생활을 할 때 혹은 다른 경우에라도 목적과 수단이 뒤섞이는 일을 어떻게 방지하나요? 여러분의 친구·가족·이웃·동료·타인·나머지 자연적인 부분과 여러분 자신을 어떻게 대해야 할까요? 그렇게 해야 하는 이유는 무엇일까요?

당신이 바라는 것은
무엇인가?

앞서 논의한 것처럼 인생에는 우리가 결코 알 수 없는 일들이 존재합니다. 그렇다고 우리가 모르는 것이 진실이기를 바랄 수조차 없다는 의미는 아닙니다.

미래에 여러분이 원하는 희망과 꿈, 바람은 무엇인가요? 여러분이 일하는 공동체와 조직이 원하는 것은 무엇인가요? 전반적으로 인생에 있어서 이루길 바라는 것은 무엇인가요? 여러분이 바라는 바를 잊어버렸다면, 칸트가 여러분을 도와 여러분의 이상을 발전시키고 추구하도록 독려할 수 있을 겁니다. 끊임없는 좌절과 실망의 흐름에 부닥칠 때는 이상을 꿈꾸기가 어렵기도 합니다. 하지만 '지금 아니면 대체 언제이겠는가?'라는 말이 있지요.

칸트

이처럼 당신에게 말할 기회가 주어진다면, 올해 바라는 일이 무엇인지 말해볼 수 있을까요?

자신만의 결론에
도달하라

현재 상태에 안주하거나 전문가의 조언을 따르는 건 단기적으로는 마음이 편할 수 있습니다. 어떤 이들에게는 심지어 장기적인 위안이 되기도 합니다. 하지만 먼 훗날에 당신의 모습을 되돌아본다면 과연 지금 당신은 이런 인생을 살고 싶어 했을까요? 다른 사람들이 틀렸다는 걸 알게 된다면 어떻게 될까요? 반대로 그들이 옳은 걸로 밝혀진다면 어떤 일이 벌어질까요? 다른 사람들이 뭐라고 말하건 관계없이 당신의 경이로운 이성과 사고를 최대한 활용해 볼 수는 없을까요?

내가 아는 것은 무엇인가?

타인의 말에 흔들리지 않을 용기

내가 해야 하는 것은 무엇인가?

내가 바라는 것은 무엇인가?

칸트는 자신만의 해답을 가졌지만, 당신이 맹목적으로 그의 답을 따르기를 원치 않을 것입니다. 그는 항상 사람들이 스스로 깊게 생각한 뒤 자신의 판단에 따라 사고를 수정하거나 추가하고 제거하기를, 그리고 이를 통해 여러분 자신만의 결론에 도달하기를 바랐을 것입니다.

적어도 그것이 우리가 바랄 수 있고 바라야만 하는 목표여야 할 것입니다.

칸트

위대한 사람들은
스스로 생각한다.

— 칸트
Kant

What
is
Wisdom

12

히파르키아

Hipparchia

가치관이 가리키는
방향으로 향했는가

"그런데 베 짜는 데 쓸 시간을
내 교양을 위해 쓴다면,
잘못 선택한 거라 생각하나?"

—히파르키아

인생에는 복잡한 문제에 명확한 답을 찾아야 하는 순간이 존재합니다. 당신의 재정 상황을 계산해 봤을 때 사업 아이디어에 투자해선 안 되는 경우, 새로운 계약을 체결할 때 특정 조항을 포함해야 하는 경우, 혹은 특정 상황을 자주 겪어봤기에 앞으로 어떻게 흘러갈지 너무 뻔한 경우가 그 예입니다.

하지만 주어진 모든 조건과 배경을 충분히 알아볼 수 없는 긴급한 위기 상황이 닥쳤거나, 고객이 상당한 투자가 필요한 신규 서비스를 요청하거나, 이사를 고민하는데 몇 가지 옵션 때문에 쉽게 선택할 수 없거나, 갑자기 주어진 자유 시간을 어떻게 쓰는 것이 가장 좋을지 생각해야 하는 경우 등을 보면 때때로 답이 뻔하지 않을 수도 있다고 느껴집니다.

이렇게 애매한 상황에서는 신뢰할 만한 사람들에게 조언을 구할 기회가 있더라도 이 사람 저 사람의 의견을 듣다 보면 어떤 결정을 내려야 할지 헷갈릴 수 있습니다. 최선의 결정을, 적어도 후회하지 않을 결정을 내리고 싶지만 어떤 방향을 선택하는 것이 내 인생에 도움이 될지 잘 모르는 거죠.

이럴 때 기원전 300년경 키니코스학파의 철학자였던 히파르키아의 결정이 여러분의 선택에 도움을 줄 수 있습니다. 불행히도 그가 남긴 많은 글과 사상은 시간이 지나면서 유실되었지만, 자신의 가치관에 따라 살았던 그의 삶은 지금까지도 오래도록 남아 있습니다.

가족의 만류에도 불구하고 그는 사랑을 택해 철학가 크라테스와 결혼했습니다. 주변인은 돈을 버는 데 사로잡혔지만, 히파르키아는 물질적인 것에 얽매이지 않는 삶을 선택했습니다. 그는 가정에서 여자가 하는 일반적이고도 특정한 역할을 해주기를 강요받았습니다. 남자들 모임에 끼어들지 말고 집안일이나 하라는 것이었죠. 그러자 그는 평등을 위해 싸웠습니다. 다른 사람이 즐거움을 좇을 때 그는 지혜를 추구했습니다.

우리가 올바른 선택을 하고자 하는 순간, 우리의 가치관은 어떠한 상황에서건 도움이 될 수 있습니다. 하지만 앞서 언급한 것처럼 모호한 상황에서는 우리가 추구하는 가치관의 중요성이 더욱 더 명백해집니다. 방향을 잃게 만드는 폭풍우 속에서의 나침반처럼, 가치관은 우리가 나아갈 올바른 방향을 알려주며 그 길로 나아갈 용기를 줍니다.

그러면 여러분은 곧 다음과 같은 중요한 질문을 떠올리게 될 겁니다. 당신이 추구하는 가치에 대해 스스로 얼마나 잘 아나요? 당신이 원하는 가치 사이에는 어떤 연관 관계가 있으며, 얼마나 자주 그 가치들을 실천하나요?

추구하는 가치가
무엇인지 깨닫기

가치관은 여러분의 태도와 행동의 지침이 되는, 오랫동안 마음속 깊이 지녀온 신념입니다. 가치관은 무엇이 옳고 그른지, 무엇이 중요하고 무엇이 그렇지 않은지, 무엇이 바람직한 것이고 무엇이 용납할 수 없는 것인지를 구별할 수 있게 해줍니다. 또 가치관은 당신의 삶이 올바른 길로 가는지, 우리가 인생에서 여러 가치들 사이에 적절한 균형을 유지하는지 측정하는 척도가 되어줍니다. 추구하는 가치와 부합하는 행동을 했을 때 여러분은 성취감을 느끼기도 하지만, 가치와 어긋나는 행동을 하면 고통을 느끼기도 합니다.

어떤 가치관은 당신이 원래부터 가졌던 것일 수도 있지만, 어떤 가치관은 당신이 자란 양육 환경이나 근무 환경 혹은 속한 공동체에 의해 형성되기도 합니다. 이러한 가치관이 어디서부터 비롯되었는지 알아보는 것도 흥미로울 것입니다. 그렇지만 우선 지금은 당신이 어떤 가치관을 가졌는지 알아보겠습니다.

우리가 살펴볼 가치의 예로 모험심·독창성·충성심·자유·용기·야망·정직·유희성·창의성·성장·숙달·그리고 사랑이 있습니다. 그 외에도 많은 가치를 적어두었으니, 하나씩 읽으면서 내 가치관에 부합하는 것에 표시해 보세요. 혹은 여러분이 원하는 가치를 더 많이 추가해도 좋습니다.

사랑, 수용, 아름다움, 능력, 규율, 충성심, 지지, 완수, 집중, 발견, 성장, 숙달, 엄격함, 경탄, 유머, 자신감, 투지, 팀워크, 융통성, 행복, 성숙, 만족, 연결, 유효성, 활력, 조화, 동기, 안정, 모험심, 자각, 효율, 건강, 솔직함, 자립, 시기적절함, 야망, 일관성, 지략, 공감, 정직, 낙관주의, 감성,재미, 전통, 만족, 인내, 자제, 성공, 영광, 질서, 고요, 논리, 적극성, 기여, 에너지, 겸손, 자발성, 조직, 서비스, 통제, 평화, 상

상, 독창성, 공유, 이해, 기쁨, 균형, 우수
함, 신념, 열광, 열정, 위엄, 중대성, 독창
성, 과감함, 경외감, 협동, 탁월함, 진실성,
이타성, 희망, 고요, 통일성, 관용, 용기,
경험, 진실성, 지속성, 소박함, 정중함, 탐
구, 강렬함, 유희성, 진정성, 승리, 창의성,
공정함, 즐거움, 확신, 신뢰성, 정의, 전문
성, 고독, 숭배, 비전, 도전, 호기심, 집중,
친절, 자선, 결정력, 진실성, 이성, 부, 의
존성, 자유, 학습, 인정, 안정성, 위안, 결
정, 재미, 자유, 휴식, 힘, 헌신, 전념, 관
용, 믿음, 존경, 구조, 연민, 지각, 경이감.

시간을 내어 전체 목록을 살펴보고 다음 질문에 스스
로가 어떤 답을 할 수 있을지 생각해 보세요.

- 다른 가치보다 당신의 마음을 더욱 울리는
  가치가 있나요?

히파르키아

- 다른 사람에게도 모두 중요하겠지만, 당신에게 더 중요한 가치는 무엇인가요?
- 당신의 관점에서 아름답고 도움이 되며 영감을 주는 가치는 무엇인가요?
- 당신의 인생에서 꼭 얻고 싶은 가치가 있나요?
- 그 자체로 충분한 의미를 주는 가치가 있나요? 혹은 다른 가치와 결합해야 하는 가치가 있나요?
- 목록에서 가장 중요히 여기는 가치 다섯 가지를 선택한 뒤 순위를 매길 수 있나요?

내 삶의 가치를
일상에서 실천하기

당신이 가장 공감하는 가치가 무엇인지 잘 알았다면, 스스로에게 내 가치관에 부합하는 행동을 어느 정도 실천

가치관이 가리키는 방향으로 향했는가

하는지 질문해 보세요. 문제가 명확하고 쉬운 상황뿐 아니라 어렵고 모호한 상황이나 추구하는 가치관 사이에 갈등이 발생한 상황에 주목해 보세요. 결정하기 어려운 순간과 맞닥뜨릴 때 당신은 히파르키아처럼 당신만의 가치관에 따르는 삶을 위해 기꺼이 대가를 치를 수 있나요? 그렇지 않다면 당신은 그러한 가치들을 진정으로 중요하게 여긴다고 말할 수 있을까요? 현실에서 당신의 가치를 시험해 보면 시간이 흐를수록 어떤 가치가 가장 큰 의미를 지니는지를 보다 명확하게 파악할 수 있을 것입니다.

그리고 자신을 더 잘 이해할 수 있으면 주변 사람들도 더 잘 이해할 수 있습니다. 당신은 가족 또는 팀 내에 공통으로 따르는 가치가 있나요? 가훈이나 팀 슬로건 같은 것 말입니다. 당신이 가장 자주 같이 일하는 사람들 다섯 명이 어떤 가치관을 소중히 여기는지 아나요? 서로에게 힘이 되거나 혹은 (최소한 겉으로 보기에) 보완이 되는 가치나 반대되는 가치가 있나요? 의사결정을 할 때 이 모든 가치를 고려할 수 있는 현명한 방법은 과연 무엇일까요?

직장이나 그 밖의 상황에서 당신은 때때로 결과를 통

제할 수 없다고 느낄 수도 있습니다. 하지만 당신의 가치관을 이해하고 이를 추구하며 살아간다면, 적어도 앞으로 나아갈 길 그리고 당신이 되고자 하는 모습은 당신이 인생에서 가장 중요하다고 여기는 가치관과 일치할 것입니다.

우리는 어려운 단계마다 앞으로 나아가는 모든 과정 자체만으로도 가치 있게 생각할 자유가 있습니다. 특히 내 가치관이 분명할 때 그 자유는 더더욱 빛을 발할 것입니다.

당신도 알겠지만
진정한 만족은 마음에 있고,
그 즐거움은 추구할 가치가 있으며
영원히 지속되는 것이다.

— 히파르키아
Hipparchia

What
is
Wisdom

에
필
로
그

자유로운 사고방식으로

당신이 듣는 모든 것을

진실로 받아들이지 마라.

비판적인 자세로

자신이 믿는 것을 평가하라.

— 아리스토텔레스

2000여 년 전, 아리스토텔레스는 '어떤 생각에 동의하지 않고도 그렇게 생각해 볼 수 있는 것이 교육받은 사람의 특징'이라는 글을 남겼습니다. 개인적인 세계관을 넓히는 것이 지적으로는 만족스러울 수 있습니다. 그렇지만 훨씬 더 실용적인 수준에서 본다면 더 불안하고 복잡한 세상을 살면서 풍부한 인생 철학을 갖고 다양한 사고방식을 기르는 것 역시 더 나은 의사결정에 도움을 줄 수 있습니다.

오랜 시간에 걸쳐 여러 철학을 접함으로써 당신은 인생을 살아가면서 불가피하게 마주치게 될 어려운 문제들을 해결할 수 있는 다양한 도구와 접근 방식을 연습해 볼수 있습니다. 이때의 도구와 접근 방식이란, 당신이 무엇을 해야 하는지가 아니라 무엇을 할 수 있을지에 관한 것입니다. 후자를 더 잘 이해할수록 당신이 무엇을 하고 싶은지에 관해 더 나은 결정을 내릴 수 있습니다.

그 연습 중 하나로, 당신에게 가장 익숙할 만한 상황을 살펴봅시다. 새로운 기회와 역경, 그리고 예기치 못한 뜻밖의 사건이라는 세 가지 상황을 두고 역사 속 위대한 사상가들이 어떤 접근을 해왔는지 알아보는 것입니다.

기회가 왔을 때
놓치지 않는 철학

경력을 쌓다 보면 창업하거나 신제품을 출시하는 등 흥미로운 기회를 맞이할 수 있습니다. 이런 상황에서 결정을 고민하는 당신에게 조언해 주기 위해 소크라테스와 니체가 토론을 벌인다고 상상해 보세요. 소크라테스는

'진짜 그럴까?'라는 질문을 던지는 이로 잘 알려져 있습니다. 정확하게 적용하기만 한다면 이런 회의적인 접근법은 당신이 (돌이킬 수 없는) 실수를 피하는 데 도움을 줄 것입니다.

소크라테스의 접근법을 사용해서 여러분은 스스로 다음과 같은 비판적인 질문을 할 수 있습니다. "이것이 진짜 기회일까, 아니면 단순히 기회처럼 보이는 것일까?" 또한 여러분은 무엇이 잘못될 수 있을지 알고 싶은 동시에 일이 잘못되어 원치 않는 일이 발생하는 걸 막기 위한 계획도 세우고 싶을 겁니다. 실패할 확률이 낮다고 하더라도, 실패가 실제 일어난다면 어떤 대가를 치러야 할까요?

반대로 니체의 경우 영원회귀에 대한 사고실험이라는 접근법을 취합니다. 바로 지금 이 순간이 영원히 반복된다면, 당신은 이 순간을 무한히 계속해서 살아도 행복할까요?

이런 접근법을 통해 당신이 내리는 결정에 무한한 가중치를 두면 다음의 중요한 질문에 확실한 답을 얻을 수 있습니다. 무엇을 원합니까? 창업이나 신제품 출시를 항상 꿈꿔왔다면, 성공이나 실패 여부가 문제일까요?

당신이 원하는 바를 추구하지 않기로 한 결정이 당신의 미래에 무한한 영향을 미친다면 그 결정을 그대로 고수할 건가요? 가능하다는 가정 아래, 먼 미래의 당신은 어떤 조언을 해줄 수 있을까요?

역경을 뛰어넘는 철학

중요한 목표를 향해 매진하는데 눈앞에 예기치 못한 장애물이 나타났습니다. 이 뜻밖의 상황에 어떻게 대처할지 결정해야 할 때, 아리스토텔레스와 이소룡의 철학을 떠올려 봅시다.

아리스토텔레스는 우리에게 닥친 역경을 오히려 덕을 쌓을 수 있는 기회로 여겼습니다. 인간의 특성 중 긍정적인 부분으로 분류되는 덕은, 당신이 닮고 싶은 사람을 떠올려 봄으로써 쉽게 이해할 수 있습니다. 그 사람처럼 되기 위해 당신에게 필요한 특성이 바로 덕입니다. 당신은 인생의 도전 과제들을 이런 덕을 기르기 위한 기회로 사용하나요?

우리는 포기하고 싶은 유혹을 느낄 때만 근면해질 수 있고, 결과에 대해 걱정할 때만 솔직해질 수 있으며, 진정한 공포에 직면했을 때만 용기를 발휘할 수 있습니다. 겸손·연민·인내·관용·친절·혹은 그 외 당신에게 의미 있는 덕에도 같은 논리가 적용됩니다.

하지만 이소룡의 명언으로 유명한 '물이 되어라'라는 철학의 관점에서 바라본다면, 인생의 역경은 피땀, 눈물로 극복해야 하는 대상이 아니라 가능한 한 마찰을 피해야 하는 대상입니다. 강을 따라 흐르는 물은 돌을 만나더라도 막힘이 없습니다. 물은 장애물을 돌아 흐르면서 끊임없이 하류로 흘러갑니다. 미온적인 반응을 보이는 것도, 과잉 반응을 보이는 것도, 그렇다고 아예 멈추는 것도 아닙니다. 상황에 따라 정확히 필요한 만큼만, 자기 능력이 허용하는 한 최선을 다해 흐를 뿐입니다. 이런 상황에서 지혜란 장애물에 맞서 끝까지 싸우는 방법이 아니라 우아하게 장애물을 피해 가는 방법을 의미합니다.

뜻밖의 일에
대처하는 철학

우리는 뜻밖의 사건에 허를 찔릴 수 있습니다. 뜻밖의 일이 좋건 나쁘건 간에 놀란 마음을 추스르고 앞으로 어떻게 대처해야 할지 결정하는 데는 시간이 걸리기 마련입니다. 탈레스와 데모크리토스는 이런 뜻밖의 사건에 대처하는 두 가지 방법을 제시해 줍니다.

탈레스는 패턴을 인식하는 데 능숙했습니다. 아마 그는 당신에게 잠시 멈춰서서 지금 일어나는 일이 예전에도 일어난 적이 있는지 생각해 보라고 말할 겁니다. 만약 그렇다면 다음에 무슨 일이 이어질지 생각해 보라고 할 것입니다. 광범위하든 국지적이든 장단기 패턴을 잘 파악할 수 있다면, 어떤 일이 닥치더라도 덜 놀라게 될 것이며 인생을 살아가며 마주치는 어떤 일에 대해서도 훨씬 더 잘 대비할 수 있을 겁니다.

반면 데모크리토스는 영원의 시간 속에서 지금 우리 눈앞에 펼쳐지는 현실은 제대로 보지 못하는 대신, 지나치게 많은 이론의 렌즈를 통해 세상을 바라보는 인간의 경향을 잘 알았습니다. 따라서 그의 주된 관심은 오랜 시간에 걸쳐 나타나는 패턴을 인식하는 일이 아니라 당장 눈앞에 벌어지는 일들을 인식하는 것이었습니다. '매년 이맘때쯤이면 이 지역의 날씨가 점점 따뜻해지기' 때문에, 불을 놓아서는 안 됩니다. 당신의 오감으로부터 시작하세요. 청각·시각·미각·촉각·후각으로 당신 주변에 일어나는 일들을 인식하고 현재를 살펴보세요.

당신도 더 나은 선택을 할 수 있다

영양가 있는 새로운 요리를 배우고 싶을 때, 과거에 무수히 많이 시도되고 실험과 개선을 거친 전통적인 조리법부터 시작할 수 있습니다. 이와 비슷하게, 당신만의 철학을 한층 더 발전시키고 그 깊이를 더하는 방법은 당신보다 앞서서 인생에 대해 고민해 온 무수히 많은 철학자의 도구를 연구하는 방법입니다.

즐겨보세요. 누가 알겠습니까? 어느 날 여러분이 새로운 세대에 지혜를 전수해 주는 자신의 역할을 다할 수 있을지도 모릅니다. 당신만의 독특한 방식으로 사람들이 더 나은 선택을 할 수 있도록 돕는 것은 물론 당신은 지금까지 다른 사람들이 했던 것처럼 아낌없이, 자상하고 친절하게 용기를 내어 남에게 지혜를 베풀게 될 것입니다.

지혜란 무엇인가?

한 번도 답해본 적이 없다면, 지금 여기에 당신만의 철학으로 답해보세요.

우리 모두가 가질 수 있는 가장 중요한 관계는 자신과의 관계이며, 가장 중요한 여정은 자기 발견의 여정입니다. 자신을 알기 위해서는 자신과 시간을 보내야 합니다.

혼자가 되는 것을
두려워해서는 안 된다.
자신을 아는 것이
모든 지혜의 시작이다.

—아리스토텔레스
Aristoteles

마치 색색의 모자이크에 조각을 보충하듯, 고대로부터 여러 세대에 걸쳐 전해 내려온 무수히 많은 만고불변한 가치들의 도움을 받지 못했다면 이 책을 만들 수 없었을 겁니다.

그런 가치들이 아리스토텔레스의 말처럼 적절한 때에 적절한 정도로 적절한 목적으로 적절한 방법으로, 가족·친구·이웃·동료·학우·선생님·타인·그리고 무수히 많고 아름다운 영혼들을 통해 실현되는 모습을 볼 수 있어 기뻤습니다.

현명한 선택을 만드는 철학자의 12가지 생각법

지혜란 무엇인가

초판 1쇄 인쇄 2024년 6월 4일
초판 1쇄 발행 2024년 6월 17일

지은이 케이반 키안
옮긴이 박지혜
펴낸이 김선식

부사장 김은영
콘텐츠사업본부장 임보윤
책임편집 김민경 **책임마케터** 양지환
콘텐츠사업8팀장 전두현 **콘텐츠사업8팀** 김상영, 김민경, 장종철, 임지원
마케팅본부장 권장규 **마케팅2팀** 이고은, 배한진, 양지환 **채널2팀** 권오권
미디어홍보본부장 정명찬 **브랜드관리팀** 안지혜, 오수미, 김은지, 이소영
뉴미디어팀 김민정, 이지은, 홍수경, 서가을
크리에이티브팀 임유나, 변승주, 김화정, 장세진, 박장미, 박주현
지식교양팀 이수인, 염아라, 석찬미, 김혜원, 백지은
편집관리팀 조세현, 김호주, 백설희
저작권팀 한승빈, 이슬, 윤제희
재무관리팀 하미선, 윤이경, 김재경, 이보람, 임혜정
인사총무팀 강미숙, 지석배, 김혜진, 황종원
제작관리팀 이소현, 김소영, 김진경, 최완규, 이지우, 박예찬
물류관리팀 김형기, 김선민, 주정훈, 김선진, 한유현, 전태연, 양문현, 이민운
외부스태프 본문 장선혜 **표지** 유어텍스트

펴낸곳 다산북스 **출판등록** 2005년 12월 23일 제313-2005-00277호
주소 경기도 파주시 회동길 490 다산북스 파주사옥
전화 02-702-1724 **팩스** 02-703-2219 **이메일** dasanbooks@dasanbooks.com
홈페이지 www.dasan.group **블로그** blog.naver.com/dasan_books
종이 아이피피 **인쇄** 민언프린텍 **코팅 및 후가공** 평창피엔지 **제본** 다온바인텍

ISBN 979-11-306-4764-7 (03100)

다산북스(DASANBOOKS)는 독자 여러분의 책에 관한 아이디어와 원고 투고를 기쁜 마음으로 기다리고 있습니다.
책 출간을 원하는 아이디어가 있으신 분은 다산북스 홈페이지 '투고원고'란으로 간단한 개요와 취지, 연락처 등을 보내 주세요.
머뭇거리지 말고 문을 두드리세요.